2025年のブロックチェーン革命

水野 操

青春新書
INTELLIGENCE

はじめに

ＡＩ（人工知能）やＩｏＴ（モノのインターネット）などを活用した新たな製品やサービスのニュースが聞こえてこない日はないといっても過言ではない。これらのニュースが私たちの興味を引きつけるのは、これからの私たちの生き方や働き方に何らかの形で関わってくるからだろう。

ただ、実際はたとえばＡＩが私たちの仕事や働き方に具体的にどのようにかかわるのかを理解している人は少ない。だからこそ、以前筆者が上梓した書名のように、『あと20年でなくなる50の仕事』（青春出版社）が気になってくるわけだ。

そうこうするうちに、「ブロックチェーン」という新たなキーワードが登場してきた。これもＡＩと同様に、私たちの社会を大きく変えるインパクトのあるものだ。

ただ、ブロックチェーンがどのように私たちの社会を変えるのかは、ＡＩ以上にわからないという人は多いのではないだろうか。現実かどうかはともかく、ＡＩが人間の仕事を奪ってしまうことは、想像力を豊かにすれば理解しやすい。それに対して、ブロックチェーンがどのように私たちの社会や生活、仕事に影響を与えるのかは、正直イメージがわかないというのが実際のところだろう。

一般的なブロックチェーンのイメージは、ほぼビットコインやその他の仮想通貨と重なっているのかもしれない。実際、日本語では「分散型台帳」ともいわれるブロックチェーンが世に出てきたのは2008年のリーマンショック直後で、サトシ・ナカモトなる人物が論文で発表した。この論文に書かれていた内容がまさにビットコインを実現するシステムだったので、「ブロックチェーン=ビットコイン」といってもあながち外してはいない。


ブロックチェーンは、それがいったい何をどう実現するのかがあいまいな割に、社会が大きく変わる可能性を政府レベルでも指摘している。経済産業省が発行する「ブロックチェーン技術を利用したサービスに関する国内外動向調査」によれば、ブロックチェーンに影響を受けうる潜在的な市場規模は67兆円にものぼるとされている。

通貨やポイントなど、権利関係の証明、シェアリングサービス、サプライチェーンの実現やプロセスの自動化など、その用途は多岐にわたる。先ほどの予測によれば、市場規模が大きいのは信用できるサプライチェーンの実現とプロセスの自動化だ。

問題は、このブロックチェーンが今後私たちの生活や仕事をどう変えていくのかだ。

ＡＩであれば、すでにＡＩを活用したさまざまなソフトウエアやスマートスピーカーなどを通してその存在を実感しつつある。ところが、ブロックチェーンはビットコインの相場が乱高下して「億り人」と呼ばれる大儲けした人が出たり、逆にその相場に乗り遅れて大損をしたというニュースが先行したりしたため、投機の印象しかない人が多いだろう。

とはいえ、この相場のおかげでブロックチェーンの存在を知っている人が増えたのは確かだ。ビットコインはスマホのアプリでいつでも取引ができ、それ以外にもイーサリアムを始めとする仮想通貨が次々に出てきている。仮想通貨という形で、ブロックチェーンの技術は確実に私たちの日常に入り込みつつあるのだ。

こうなると、政府や伝統的な金融機関も無視することはできない。詳しくは後述するが、ブロックチェーンを活用した仮想通貨に中央集権的な管理者は存在しない。このことは、近代国家の権力のありかたにすら影響を与えかねない。

突き詰めると、私たちが日常的に使用している「円」や「ドル」もある意味での仮想通貨だ。よく考えてみれば、一万円札も印刷された一枚の紙にすぎない。その紙に一万円の価値があるのは私たちがみんなそうだと信じているからだ。特に現代の通貨は、歴史的にもその価値を認められてきた金と交換することもできない。要するに、国の信用が通貨に置き換わっているのだ。

そのことを考えると、通貨を発行する権限が国家以外にあるというのは国家にとって由々しき問題で、仮想通貨を警戒するのは当然ともいえる。

金融機関にとっても脅威である。現在私たちが行っている商取引に銀行を介さないことは考えられない。給料はどこかの銀行の口座経由で受け取ることがほとんどだし、クレジットカードや公共料金の支払いなども銀行口座を使う。会社間の取引も銀行口座間でのやり取りだ。国内取引だけでなく国際的な取引でも同様だ。

しかし、たとえば給料を仮想通貨で受け取り、店での支払いも仮想通貨のウォレット（ウエブ上の保管場所）から支払い、企業間取引も仮想通貨で行うことになったらどうだろう。一気に銀行の影が薄くなる。諸外国に比べて電子マネーの導入が遅れているといわれている日本でも、すでに交通系の電子マネーやスマホアプリ、あるいはアップルウォッチで支払うことは当たり前になってきている。

筆者もこの数年で現金を使うことがめっきり減った。現金のみの店もあるので一応現金を財布に入れてはいるが、月曜に財布に入れた現金が金曜日までそっくり残っていることも少なくない。今はそのアプリ上で日本円を使ってやり取りをしているが、それが仮想通貨になったところで使い勝手に特に差はない。

ただ、現状のビットコインにはトランザクション（取引）に時間がかかるという欠点がある。こうした問題が解決されれば、本来の通貨としての役割を果たすようになるかもしれない。そうなると、従来の金融機関も役割を終えるなどということが起きてくる可能性がある。現実に、メガバンクも含めた銀行業界全体で店舗数を減らし始めており、3つのメガバンクで合計3万人を超える大規模なリストラを発表している。トレンドというより、仕組み自体の大きな変化が起ころうとしているのだ。

そのような中で、三菱ＵＦＪ銀行が「ＭＵＦＧコイン」でブロックチェーンへの取り組みを発表したのも、自然な流れだといえる。どのような業種でも変化しないと生き残れないように、金融業界も変化が求められている。

ブロックチェーンは、金融だけでなく他の分野での活用も期待されている。契約のやり取りや不動産取引などの分野では、その信頼性を担保する組織や機関などがないにもかかわらず、取引の信頼性が担保されるというブロックチェーンの特徴を生かすことができる。ブロックチェーンを使えば改ざんがそもそも困難で、仮に取引の途中で誰かが情報を改ざんすれば、それがたちどころにわかってしまうからだ。

現在はＩＴばかりか製造業でも低コストで事業化できる時代だ。組織の時代から個人の時代に流れが傾きつつある。やる気とアイデア、それらを現実のものにしようとする実行力があれば事業はできる。ただし、それ以上に必要になってくるのが「信用」だ。事業を進めていくには資金や人が必要になる。信用のある個人にはお金と人、それに有形無形の支援が集まるが、そうでない人には集まってこない。

これからの時代に重要な「信用」や「信頼」を担保していくために、ブロックチェーンが大きな役割を果たしていくと考えられる。そういう意味では、ブロックチェーンが世界を変えるというよりは、より個人が主体となるための役割を担っていくのかもしれない。

本書では、ブロックチェーンが仮想通貨以外にどう応用されるのかという視点を中心に、社会への影響について探っていくことにした。筆者のスタンスは、ブロックチェーンによってもっと個人が自主的に仕事をする時代が到来しつつあるのではないかというものだ。

日本ではまだ仕事イコール会社に就職というイメージだが、だんだんそれも割に合わなくなってきている。定年して再雇用されても、仕事内容はそれまでと同じなのに給与が大幅に下がるというのもその例だ。それについては裁判まで起きたが、最高裁が示した判決では嘱託社員と正社員の格差については容認されている。一方で、会社としても現在のコスト構造ではもたないという事情もあるだろう。そうであれば、むしろ誰もがビジネスのオーナーとして、本当の意味で契約の関係で仕事をするほうが、会社としても個人としても幸せなのではないだろうか。それが、本当の意味での働き方改革につながる。

本書のタイトルを『2025年のブロックチェーン革命』としたのには理由がある。現在はまだそのテクノロジーの萌芽状態であるブロックチェーンが、そのころにはさまざまな領域で活用されていると考えられるからだ。米金融大手のモルガン・スタンレーも、2025年には金融産業でブロックチェーンが本格的な実用段階に入ると予測している。

筆者は、さらに多くの領域でブロックチェーンが活用され、新しいテクノロジーの一端を担うようになると考えている。そして、いずれは本当に私たちの役に立つような形で働き方を変えてほしいという思いを込めて、本書を記した。

平成30年6月吉日

2025年のブロックチェーン革命――もくじ

第1章

そもそもブロックチェーンとは何か？

第2章

ブロックチェーンは仕事の仕組みをこう変える

第3章 大予測！・ブロックチェーンが変える社会と産業

第4章

人生100年時代、個人の働き方にどう影響を与えるか

第5章 ブロックチェーンが本格普及するための課題

本文デザイン・DTP・図版制作　センターメディア

第1章

そもそもブロックチェーンとは何か？

私たちの仕事や生活そのものにこれから大きな影響を与えるブロックチェーンだが、正直なところ、なぜブロックチェーンがそんなにインパクトがあるのかわからないという人のほうが多いだろう。ＡＩの場合はその技術を活用した新しいサービスが次々に出てきているのに対して、ブロックチェーンでは仮想通貨くらいしか身近なものがないし、その仮想通貨も実際に扱った人はそれほど多くはない。そもそも、ブロックチェーンが活用されたソフトやサービスがまだ少ないのだ。

しかし、ブロックチェーンとはどのようなものかという仕組みや考え方がわかれば、なぜブロックチェーンがそれほど期待されているのか、背景が見えてくる。

そこで、本章ではまずブロックチェーンの仕組みを説明していく。ただし、本書はブロックチェーンそのものではなく、それが社会でどのように使われ、仕事などにどのような影響を与えるのかについて解説することを主眼としている。技術面の詳しい理論についてはすでにわかりやすい書籍が何冊も出ているので、そちらを参照されたい。

仮想通貨だけではないブロックチェーン

ブロックチェーンの概念は、2008年にサトシ・ナカモト氏という人物のビットコインについての論文とともに登場した。そういう意味では、ビットコインとブロックチェーンは切っても切れない関係にある。ブロックチェーンは、日本語では分散型(取引)台帳と訳されるが、これはすべての取引を記録する仮想的な台帳である。この技術を使ったものがビットコインであり、ブロックチェーンを活用した他の仮想通貨だといえる。

ちなみに、日本ではビットコインやイーサリアムなどを仮想通貨と呼ぶことが多いが、これらの通貨の名称としては、実は「暗号通貨」(Cryptocurrency)といったほうが適切だ。仮想通貨という名称が使用されているのは主に日本国内で、海外では暗号通貨と呼ばれている。ビットコイン自体の正式名称は「Cryptocurrency Bitcoin(暗号通貨ビットコイン)」だ。しかし、本書では一般的な「仮想通貨」を使用する。

「仮想通貨」として定義されるものはさまざまだ。ビットコインもたしかに仮想通貨に含まれるが、私たちが日常的に使用しているSuicaなどの電子マネーなどのデジタル通貨も電子的に流通するため仮想通貨だと思われがちだ。

ビットコインをはじめとする通貨がいわゆる電子マネーと異なるのは、仮想通貨が不特定多数の間で支払い手段として流通できる「通貨」なのに対して、電子マネーは円を担保

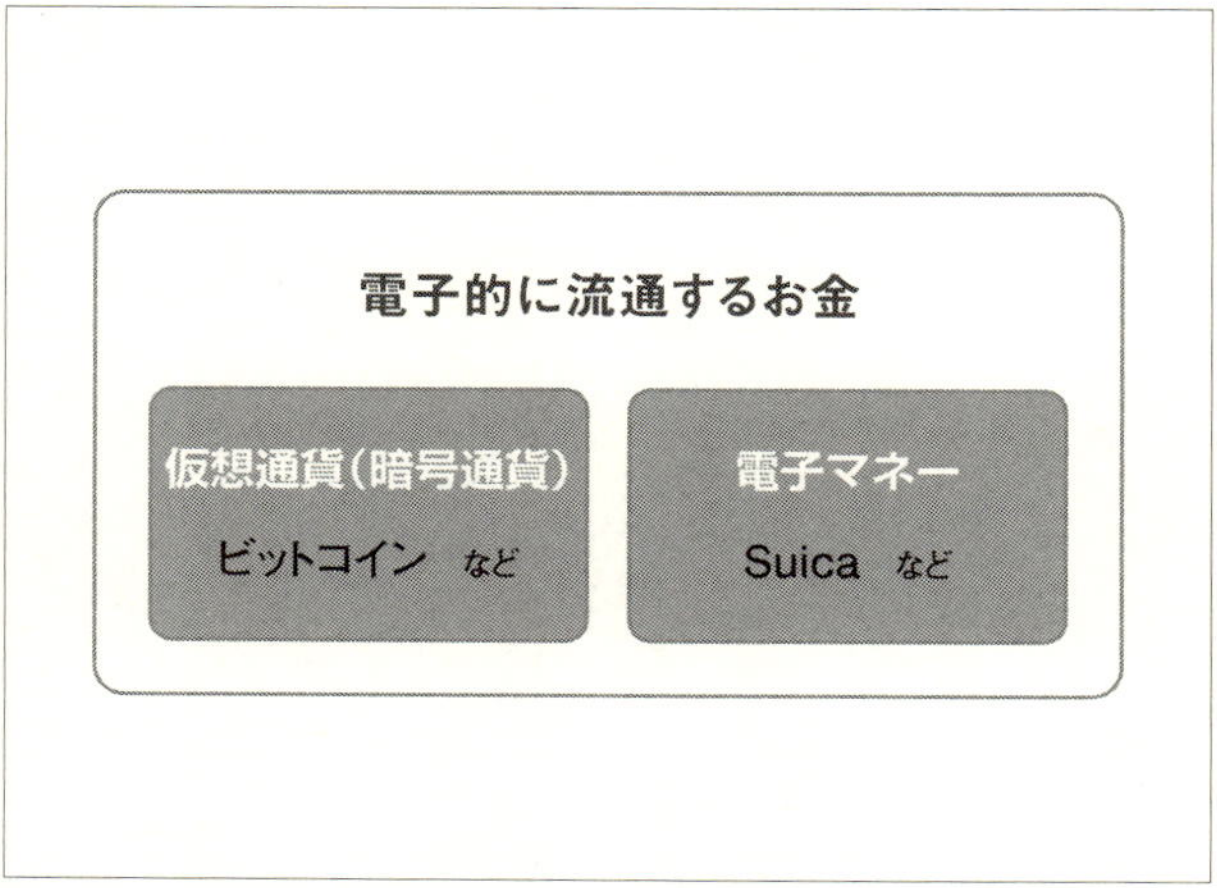

にした通貨建て資産であることだ。いわば、プリペイドカードのようなものである。

「取引」というと通貨を始めとするお金のやり取りがまず頭に思い浮かぶが、あらゆるモノや情報も取引の対象になる。たとえば契約書や証明書もそうだし、ポイントカードのポイントやクーポンも含まれる。それ以外にも、データとして日常的に処理する対象となるものはブロックチェーンを活用できる可能性がある。

通貨でもそうだが、取引において重要なのはその情報が正確なものかということだ。ここでの正確とは、信頼のおけるものかどうかということだ。追って説明するが、ブロックチェーンは誰かが中央集権的に管理しているわけではないのに、すべての取引が記録され、かつ改ざんされていないことが仕組み的に保証されている。

さらに、「オープン性」ももうひとつのポイントだ。従来の取引や管理の仕組みは、管理を行う組織や団体、あるいは会社がその仕組みを維持するためのインフラやコストを負担する代わりに、取引情報の管理に大きな権限を持っている。

逆にそのような仕組みを使う側に立つと、自分がもともと所有している情報なのに、その扱いや権利についてあまり裁量がないということになってしまう。

ブロックチェーンは記録が分散管理されていてオープンなため、権利者がハッキリしており、どんな取引がされたのかが誰にでもわかるようになっている。

透明性と自動化が両立できる仕組み

このようなことから、最近では著作権の管理にブロックチェーンが有効ではないかといわれており、そのための取り組みも進み始めている。その典型例が楽曲の著作権管理だ。日本ではＪＡＳＲＡＣがほとんどの楽曲を管理していて、音楽の配信自体は配信業者に依存しているが、そこで問題になるのが実際の著作権者たちに適切なロイヤルティが分配されているかということだ。管理の透明性についての問題の他に、配信された楽曲の回数などが正確に、高い信頼性で記録されているのかという問題もある。

しかし、音楽の楽曲や譜面などを管理する世界的なブロックチェーンがあったとしたらどうだろうか。その曲の作詞家や作曲家は自らブロックチェーンにその曲を記録する。記録された曲の情報はブロックチェーンの性質上、改ざんはとても困難で、誰でも透明性を持って確認することができる。関係者が多いと権利関係は複雑になりがちだが、著作権者自らがブロックチェーンに登録することで、権利を管理する団体が不要になってくる。

このようなブロックチェーンを活用した取り組みはすでに始まっており、有名なところでは、世界的なストリーミングサービスの「Spotify」（スポティファイ）がある。Spotifyは「Mediachain」というブロックチェーンのベンチャーを買収し、楽曲と著作権情報を結びつける取り組みを2017年から開始している。

他にも「Ujo Music」（ウジョ・ミュージック）などはブロックチェーンを利用した著作権管理のデータベースを構築するだけでなく、やはりブロックチェーンを活用したスマートコントラクトと呼ばれる契約、さらには仮想通貨（暗号通貨）を用いた支払いを組み合わせる試みをしている。

楽曲が再生された回数とスマートコントラクトで決められた契約内容に沿って仮想通貨でロイヤルティの支払いを受けるということも、将来的には可能になるかもしれない。これは取引の透明性の確保だけでなく、業務の効率化にもつながる。

取引のためのプラットフォームや管理のための組織が存在するのは、今までの仕組みでは個人の手にとても負えるものではないからだ。ないと仕組みが回らないため、著作権の管理のために大きな組織ができたり、そこに利権が発生したりすることになる。

そうすると、本来は一番の権利者であるはずの著作権者より、管理をする組織のほうが大きな力を持つことになるのは珍しいことではない。

しかし、ブロックチェーンを活用したデータベースや取引、契約の仕組みなどが整理され、透明性とともに自動化が実現できると、そのような管理のための組織は不要になる。

著作権の話は一例だが、何らかの取引が発生するのであれば、同じようにブロックチェーンが活用できる可能性がある。

これはほんの一例にすぎない。こうした点が、ブロックチェーンには今までの枠組みを壊して個人に大きな力を与える可能性があるといわれるゆえんである。このような、私たちの社会やビジネスを変える可能性については、章をあらためて検討したい。

ブロックチェーンの最大の特徴とは

前項で仮想通貨だけではないブロックチェーンの活用について述べた。むしろ、実際は通貨以外の分野での応用に期待が寄せられているが、それはブロックチェーン自体が持つ次のような特徴があるからだ。

中央集権的な管理者がいない

現在私たちが使用しているシステムには運用者がおり、その運用者が管理するシステム上でデータベースを管理し、取引を記録していく。たとえば、銀行であれば銀行が責任を持って、お金のやり取りを記録する。ＩＴを活用したウーバー（Uber）やエアビーアンドビー（Airbnb）などのようなサービスでも、実際に自動車を運転している人や宿泊施設を運営している人ではなく、そのサービスを運営する会社がシステムやデータベース、取引の仕組みを整備している。

もちろんその運用にコストはかかり、運営者が全体の取引に大きな力を持つことになる。その力と引き換えに、取引における「信用」を利用者に提供することになるわけだ。

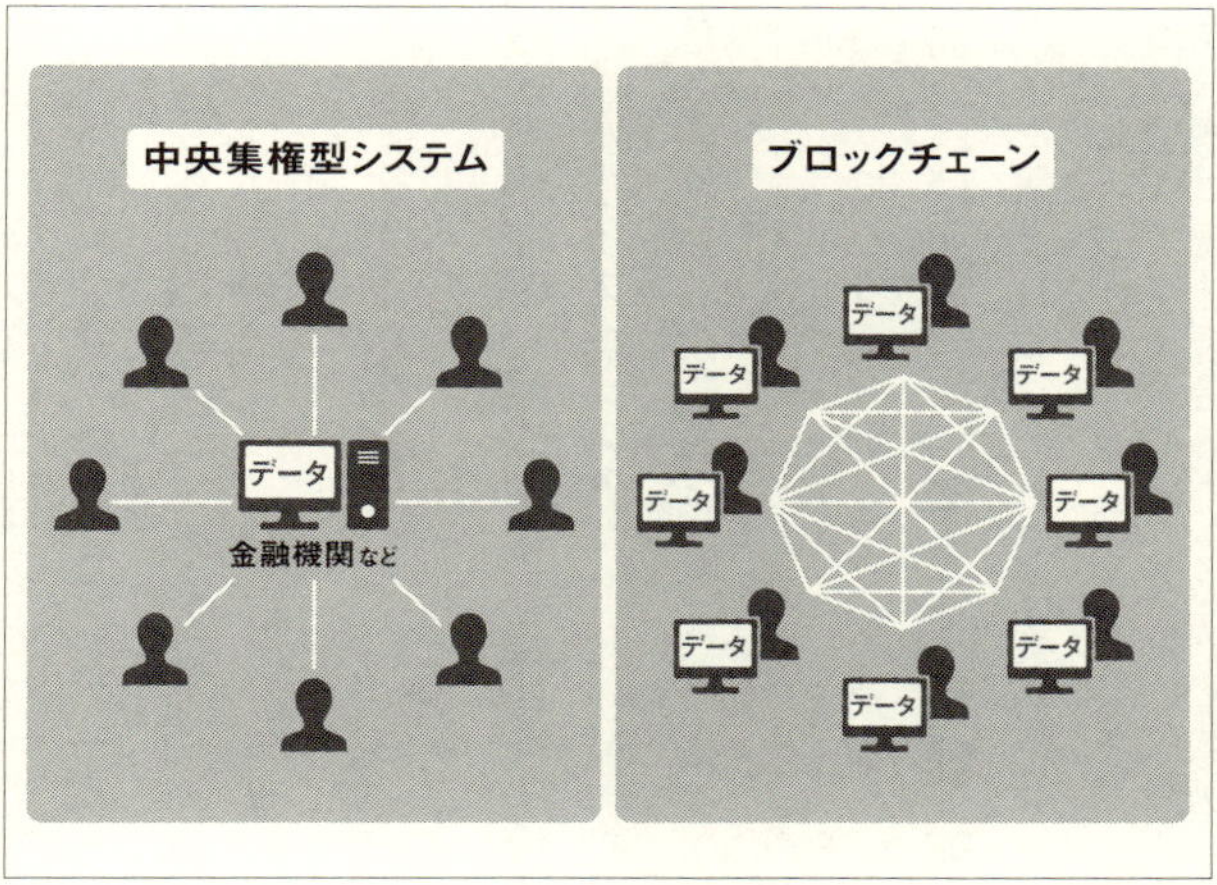

つまり「エアビーアンドビーだから」「ウーバーだから」、あるいはちゃんとした金融機関だからとプラットフォームの管理者を信用することで、自分が取引相手そのものについての情報を持っていなくても信用できるのだ。

ところが、ブロックチェーンはどこかの組織が一カ所で管理しているわけではない。そのブロックチェーンに参加している世界各地のノードと呼ばれるコンピューター上で動いているのだ。

そのメリットとして、ノードのひとつやふたつが壊れても他のノードが機能するので問題ないということがある。これによってシステムの冗長化(障害に備えて予備装置がある状態)が実現できるので、壊れない堅固なシステムを構築するのと同じことになる。

参加者に制限がない（誰でも参加可能）

参加者が限定されるブロックチェーンが存在するものの、厳密にいうとそれはブロックチェーンの定義から外れるともいわれている。基本的には、ブロックチェーンはパブリックなもので誰でも参加でき、参加者がみんなで監視して記録する仕組みになっている。したがって、ブロックチェーンの参加者は誰でも、その取引を確認することができる。

改ざんが困難で仕組み自体が信用を担保する

このあとブロックチェーンの基本的な仕組みのところで説明するが、ブロックチェーンはその仕組み上、記録されている内容の改ざんが非常に困難である。理論的には可能だが、改ざんを実行するには非常に大きな計算のためのエネルギーが必要であるため、事実上改ざんができないということになる。

これは非常に大きな意味を持つ。従来の仕組みであれば、たとえば銀行が取引内容の正当性を保証する。あるいは契約書などでは、契約の当事者が、その内容にウソがないことを日本であれば印鑑をついて保証する。どちらにしても人や組織が保証するので、その人や組織が信用できるかどうかが最大のポイントだ（だから、その人や組織がウソをついていると信用そのものが崩れてしまう）。

新しい取引に誰もが慎重になるのは、その相手が信用できるかどうかを知るすべがないからだ。ブロックチェーンの場合、記録が改ざんできないことが仕組みによって保証されている。

匿名性が保持される

矛盾することをいうようだが、ブロックチェーンには透明性とともに匿名性がある。仮想通貨の送金などの例をとれば、どのウォレットからどのウォレットに送金されたのか、その金額はいくらなのかということがブロックチェーンに記録されていく。その取引の内容はすべてオープンなので誰もが見ることができる。

それと匿名性は矛盾しない。というのも、ウォレットに個人情報は記載されておらず、意図的にウォレットと個人情報を別途結びつけない限り、それがどの個人のものなのかを知る術がない。仮想通貨での最近の取引を考えると、ウォレットと個人情報が結びついていることは必須といえる。

一方で、たとえばあるブロックチェーンの履歴書のようなものであれば、ネットワーク上のあらゆる人たちに見えてしまうのも問題だろう。そこで、必要な相手に必要な情報だけを見せるという選択的な開示も考えられる。

ブロックチェーンを支える仕組み

中央集権的な管理者がいないというブロックチェーンのひとつ目の特徴について、さらに考えてみよう。これまでのシステムではどこかのホストコンピューターに中心となるデータベースがあるが、情報がすべてそこに格納されているわけではない。

たとえば銀行の取引を考えてみよう。銀行につながっているさまざまなシステムがその銀行が管理するコンピューターにアクセスする。そのコンピューターは取引の情報を処理して、たとえばAさんがBさんに10000円送金したのであれば、Aさんの口座からBさんの口座に資金が移り、その情報や日時などの処理に必要な情報をデータベースに記録していく。

この方式では、システムが正常に動いている場合はまったく問題ないが、一度障害などが起きてアクセスができなくなると、送金ができない、自分のお金が引き出せないなどの

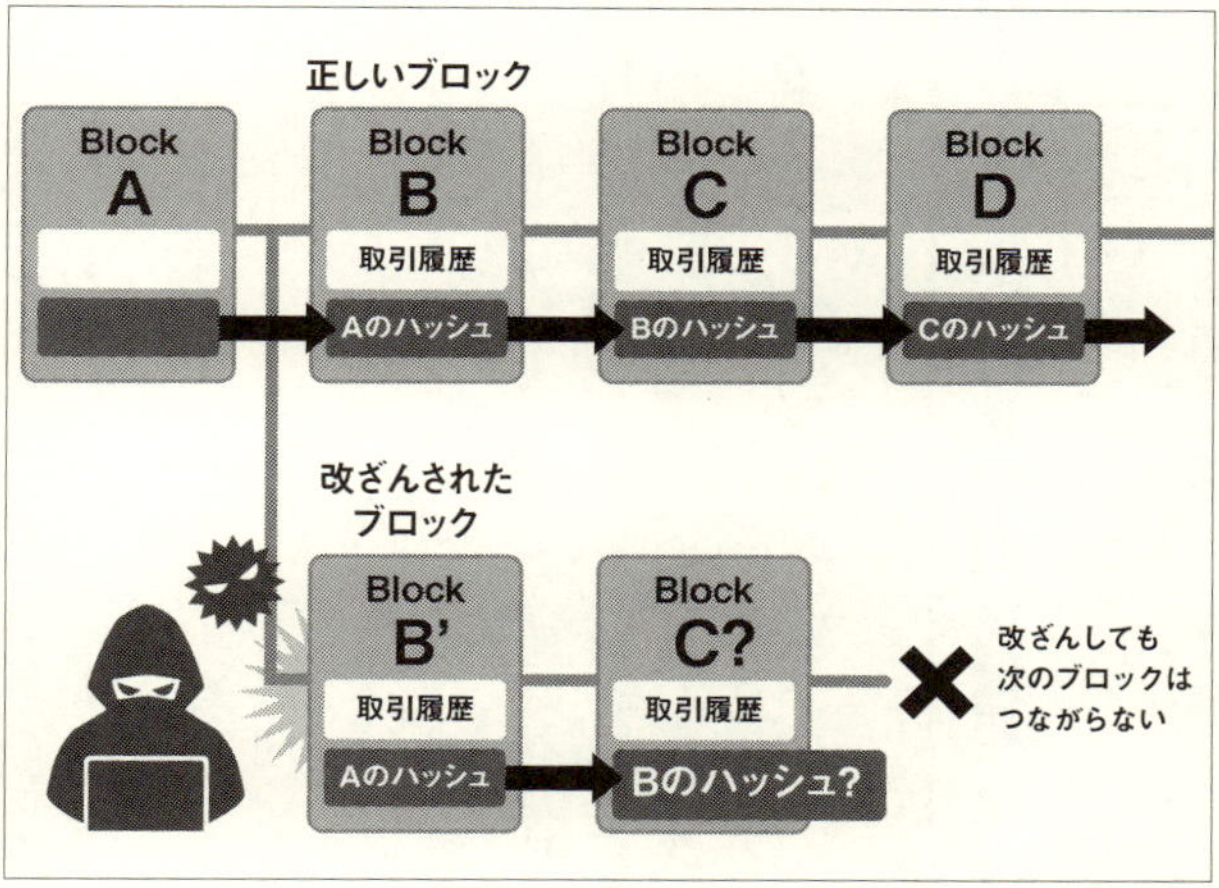

かなり大きな問題になってしまう。

そのようなトラブルがない場合でも、メンテナンスなどでシステムが稼働停止を余儀なくされると、その時間は取引の内容が制限されたりしてしまう。また、システムがハッキングされてしまえばデータベースの内容が書き換えられてしまう可能性もあるし、何らかの理由でデータベースが消えてしまえばすべての取引の記録も失われてしまう。

もちろん、そんなことにならないようにセキュリティ対策を施したり、データベースのバックアップをしたりするなどの対策をしている。ただ、防御をすればするほどシステムのコストも上がることになる。

一方、ブロックチェーンによる分散型のシステムの場合には、ネットワーク上の複数のコンピューター（ノード）が分散して同じ情報を持っている。それぞれのノードは、ブロックチェーンをそのノードを構成するコンピューター上で保存する。だから、ノードがひとつやふたつダウンしても、ブロックチェーンを保持しているネットワーク上の他のノードは問題なく取引を続けることが可能だ。

それゆえ、システムダウンへの対策は仕組み的にもとても強固だといえる。さらに、同じ情報が分散しているということは改ざん自体にも強い対策になる。仮にあるノードがデータを改ざんできたとしても、後述するようにブロックチェーン自体に改ざんに対する強い対策が施されているし、単純に考えてもネットワーク上の他のノードのデータをすべて書き換えることは現実的ではない。ビットコインのように参加者が多ければ多いほど、その特徴はハッキリしてくる。

ブロックチェーンの基本的な仕組み

それでは、ブロックチェーンがどのような仕組みで機能しているのか、その基本的な仕組みについて簡単に説明していこう。

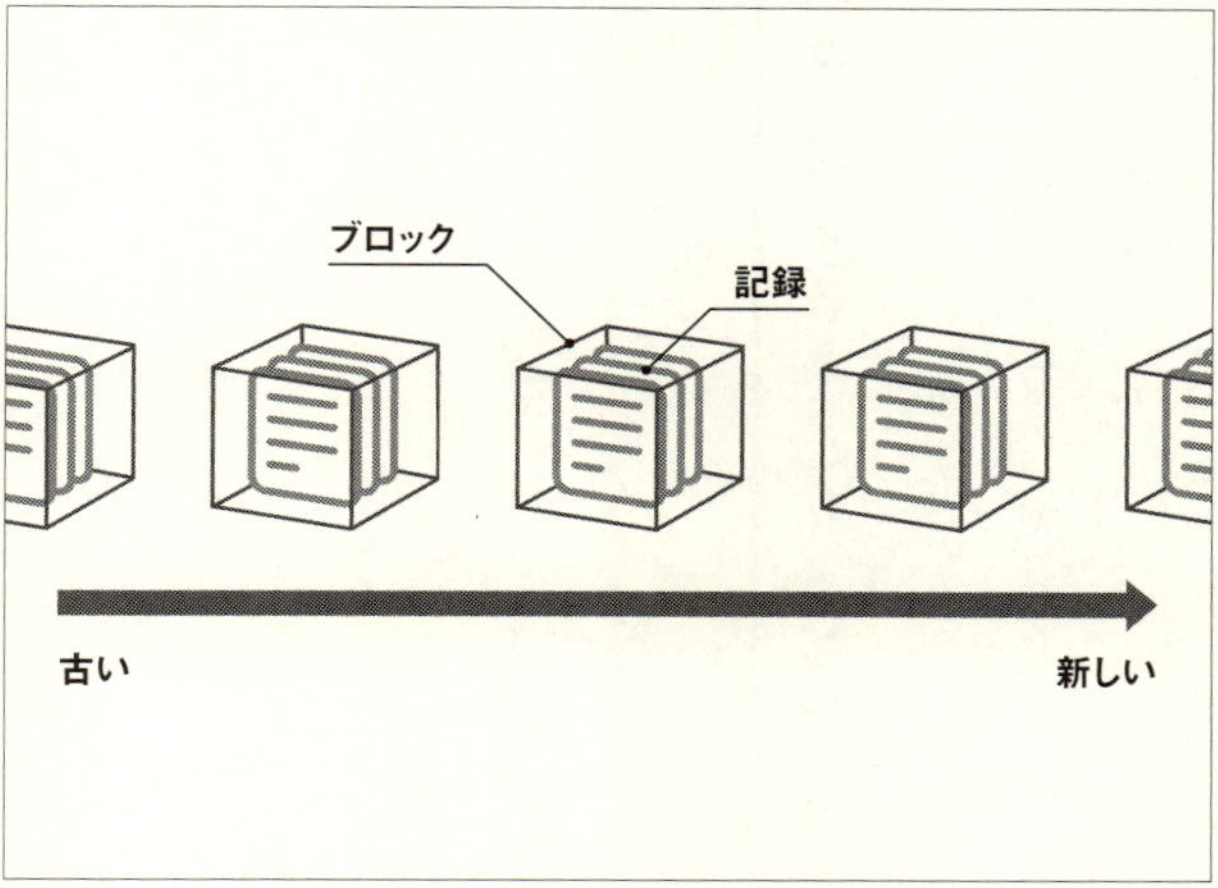

ブロックチェーンは取引が分散型台帳に記録されており、どこかで集中管理されているわけではないことは説明した。この取引の記録の流れを簡単に考えてみよう。

まず従来型の記録はこうだ（ここでは、あえて送金の記録が紙で管理されていることにする）。信用のおけるある機関で管理されている一冊の台帳に取引が記録されている。たとえばお金の送金に関してであれば、「○○銀行のAさんの口座から10000円が△△銀行のBさんの口座に5月16日の11：35に送金された」というような取引の記録が残される。その台帳を管理している銀行などの機関が送金の記録の信頼性を担保する。

ブロックチェーンを使ったビットコインの場合はどうだろうか。基本的に記録されている内容は同じとする。「AさんのアドレスからBさんのアドレスに0・01BTCが11：35に送金された」という内容である。ただ、それが紙ではなくてブロックと呼ばれる入れ物の中に記録されることになる。

この入れ物は10分単位で取引を記録していて、たとえば先ほどの取引は11：30から11：40の入れ物に記録される。この10分ごとの入れ物が時系列に連なっているものがブロックチェーンということになる。そして、このブロックは必ずきちんと時系列に並んでいて、新しくつくられたブロックは必ず列の最後尾に追加される。既存のブロックの間に差し込まれるということはない。

取引を記録するトランザクションの仕組み

だが、このように連なったブロックチェーンが書き換えられてしまうことはないのだろうか。疑問に思うのは当然だが、ブロックチェーンには改ざんがされないような仕組みが組み込まれている。

ブロックには取引の記録だけではなく、「ハッシュ値」と「ナンス」と呼ばれるものが書

■ブロックチェーンのデータ構造

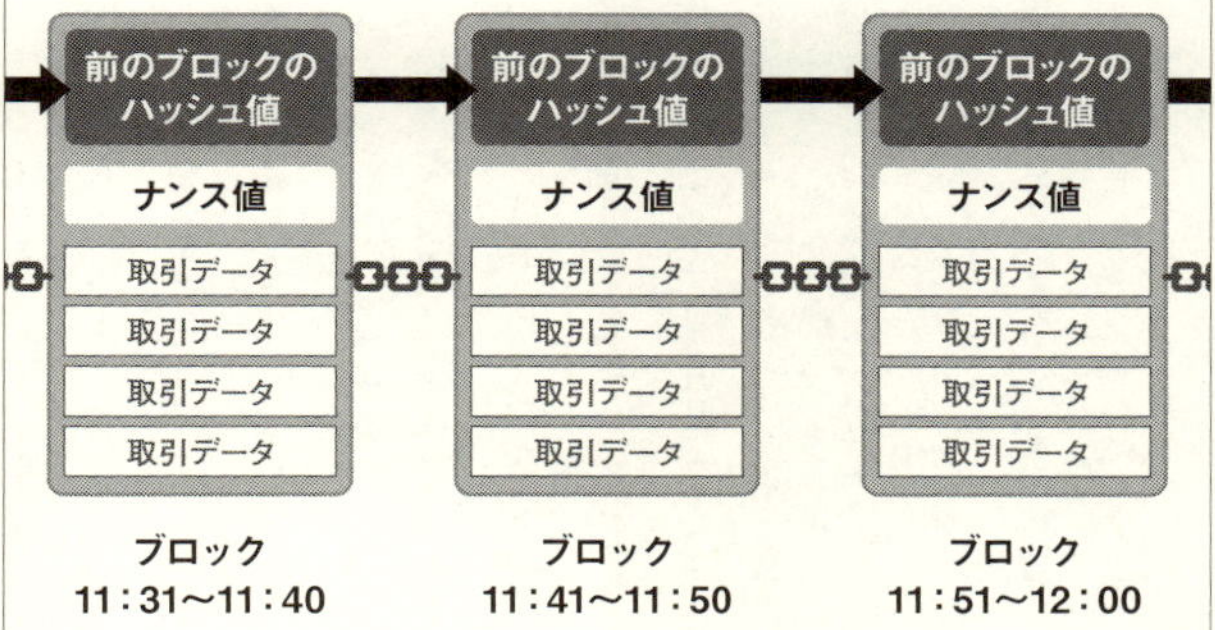

き込まれている。ハッシュ値とは、ひとことでいえばあるデータにハッシュ関数と呼ばれる関数を用いて導き出したアルファベットと数値の文字列のことで、人間にとっては何の意味もない文字の羅列にすぎない。

このハッシュ値の特徴として、異なる情報から生成されるハッシュ値が同じになることがほぼないということがある。だから、たとえば総金額がもともと0・01BTCだったものを、0・015BTCと書き換えるとまったく異なるハッシュ値になってしまう。

つまり、ブロックの中身を書き換えた場合、そのブロックのハッシュ値自体が変わってしまうのだ。

あるブロック（入れ物のフタ）が閉じられると、

次のブロックが生成されて直前のブロックとチェーンでつながれ、次のブロックでは新たな取引情報とともに前のブロックのハッシュ値を求める。しかしビットコインの場合、このハッシュ値をそのまま使うわけではなく、頭に15桁のゼロを付加するのがルールだ。

このゼロを求めるのに必要なのがナンスと呼ばれる値。実はマイニングとはこのナンスを求める作業であり、このナンス値が正しいときにだけ台帳に取引情報が書き込まれる。このナンス値を最初に探り当てた人が報酬として決められた量（2018年現在では12・5BTC）のビットコインを受け取るわけだ。最初に探り当てられなかった他の人たちは、この数値を検証することになる。ブロックチェーンでは新たな取引が発生するごとに延々とこの作業が続き、新たなブロックが連結されていく。

ちなみに、このマイニングには膨大な計算機のパワー、つまり電力が必要になるため、中国など電力料金の安い場所には多くのマイナー（マイニングをする人）がいる。

仮想通貨の場合、ブロックを生成したマイナーには報酬としてコインが与えられる。これは「Power of Work」（PoW・仕事の証明）という仕組みで、この報酬を目的に多数のマイナーがマイニングをしている。

「分岐」が起きたときのルールとは

　このような仕組みから、ブロックチェーンの情報を書き換えるのは非常に困難である。たとえば、ブロックチェーンにある一年前のある時点のブロックの情報を書き換えれば、そのブロックのハッシュ値が変わってしまう。するとその次のブロックでもハッシュ値が変わってしまい、ナンス値も変わってしまう。要するに、手を加えたあとのブロックの情報もすべて変わってしまうわけだ。手を加えたあとのすべてのブロックに対して再計算を行い、その新たな計算を他のマイナーたちのうち過半数に承認されなければならない。

　そうなってはじめて、改ざんされたほうのブロックチェーンが正規のものとして認められるわけだが、その間にも既存のブロックチェーンに新たな取引がつけ加えられてどんどん長くなっていく。

　ブロックチェーンでは、フォークと呼ばれる分岐が起きた場合、一番長いチェーンが採用されるルールになっているが、そのスピードに追いつくことは実質上不可能だ。

　もちろん、ブロックチェーンを使えば完全に安全というわけではなく、２０１８年にはモナコインと呼ばれる仮想通貨でこのルールを利用したハッキングが起きている。これは、ビットコインなどに比べるとマイナーが少なく、一部のマイナーにマシンパワーを集中させやすかったこと、このコインの時価総額が上がってハッキングをかけるための十分なインセンティブがあったことという、ふたつの要因があったようだ。

しかし、現実的にはたとえばビットコインのように参加者の数が多い場合、一人のマイナーが処理能力を独占することには困難がある。少なくとも全体の51%のマイナーが正当性を検証する必要があるため、ビットコインのように参加者の多い場合はより安全だということもできる。

また、時々マイニングがほぼ同じタイミングで行われてしまい、チェーンがふたつできてしまうことがある。これをフォーク（分岐）と呼ぶが、このような場合にはいったんふたつのチェーンを両方キープしておく。たとえばマイナーAさんとマイナーBさんがほぼ同じタイミングでマイニングに成功すると、ふたつのチェーンができる。

ずっとこのままでは困ったことになるが、結果的にはこの状況はそれほど時間をかけずに収束していく。マイニングに成功しなかった残りの参加者たちは、そのマイニングを検証し正しさを証明していくことになる。そこでAさんがより多くのマイナーを集め、多くのマイナーがAさんのブロックをメインブロックとして扱うと、Aさんのブロックが長

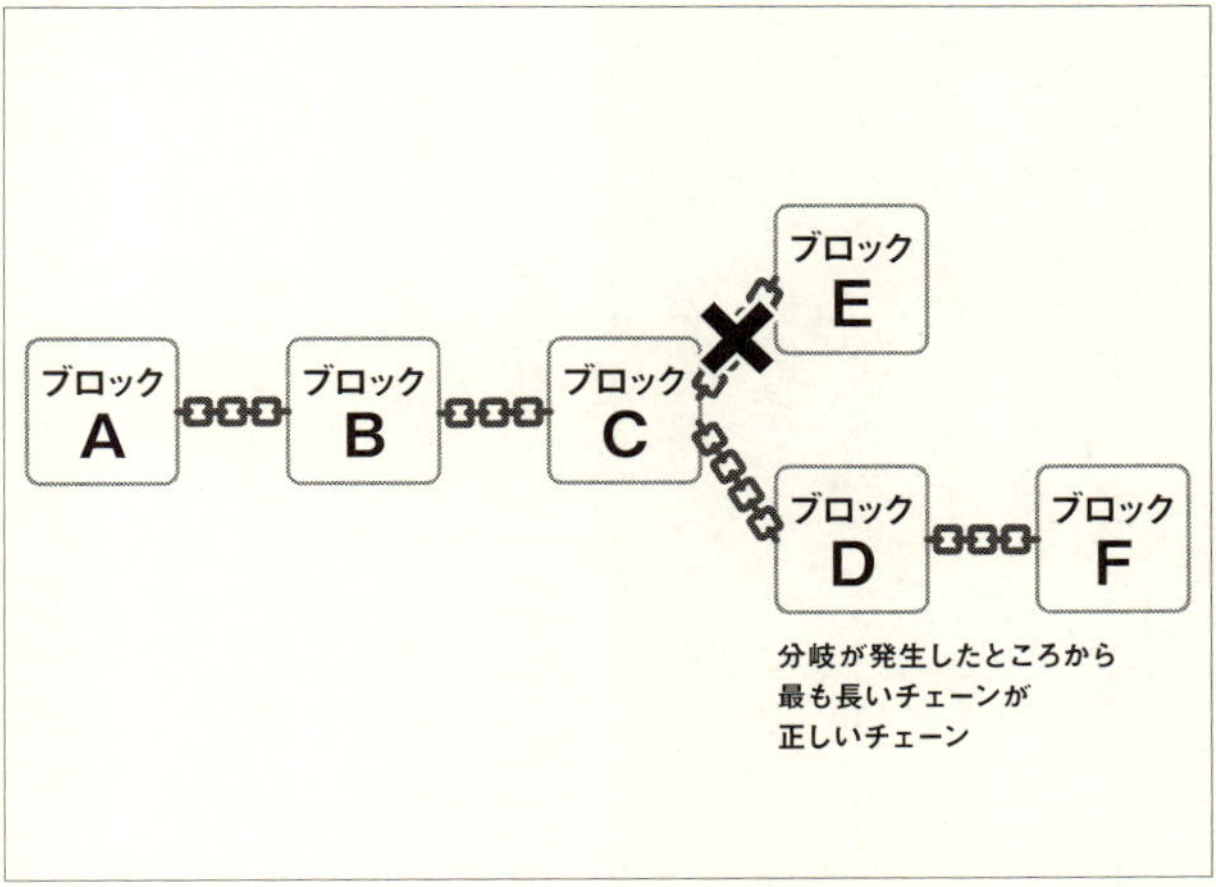

くなっていく。こうなってしまうといくらBさんが頑張っても自分のブロックをメインのブロックにすることはできなくなってくる。

ブロックチェーンでは、分岐した場合には長いほうのブロックを正規のチェーンとするルールがあり、この場合Aさんのブロックが正しいものになるのだ。

したがって、仮に同時にふたつのブロックができたとしてもだいたい2~3チェーンの間にひとつのチェーンに収束していくことになる。そして、Bさんのブロックに記録されていた情報は、未承認の取引として数ブロックのうちにブロックチェーンの中に取り込まれていくという仕組みがある。

ブロックチェーンを支える暗号技術

まだ解決していない問題がある。それは、たとえばAさんがBさんに0・01BTCを送金したという取引の記録がされたときに、本当にAさんがBさんに送金したという事実があるのかどうかということだ。

情報の送信には機密性とともに真正性が求められるが、仮想通貨の送金に限らずインターネット上で情報を送るときに使用されるのが「公開暗号鍵方式」と呼ばれるものだ。この方式では公開鍵と秘密鍵というものを使って暗号化と復号化を行う。

機密性のある情報を送る際、送信元は秘密鍵を使って内容を暗号化する。その内容を確認するには、送信元が持っている秘密鍵をもとに生成されている公開鍵を使う必要がある。公開鍵自体は送信元の人以外が持っていてよいものだが、この鍵をもっていても逆に秘密鍵を知ることができない。一方、情報の受け手はこの公開鍵を使って暗号化された情報を復号化すると内容を確認できる。秘密鍵から公開鍵の生成はやはり先ほど説明したハッシュ関数を使用しているので、異なる秘密鍵に対して同じ公開鍵が生成される可能性はほとんどない。

■ 公開鍵暗号のイメージ

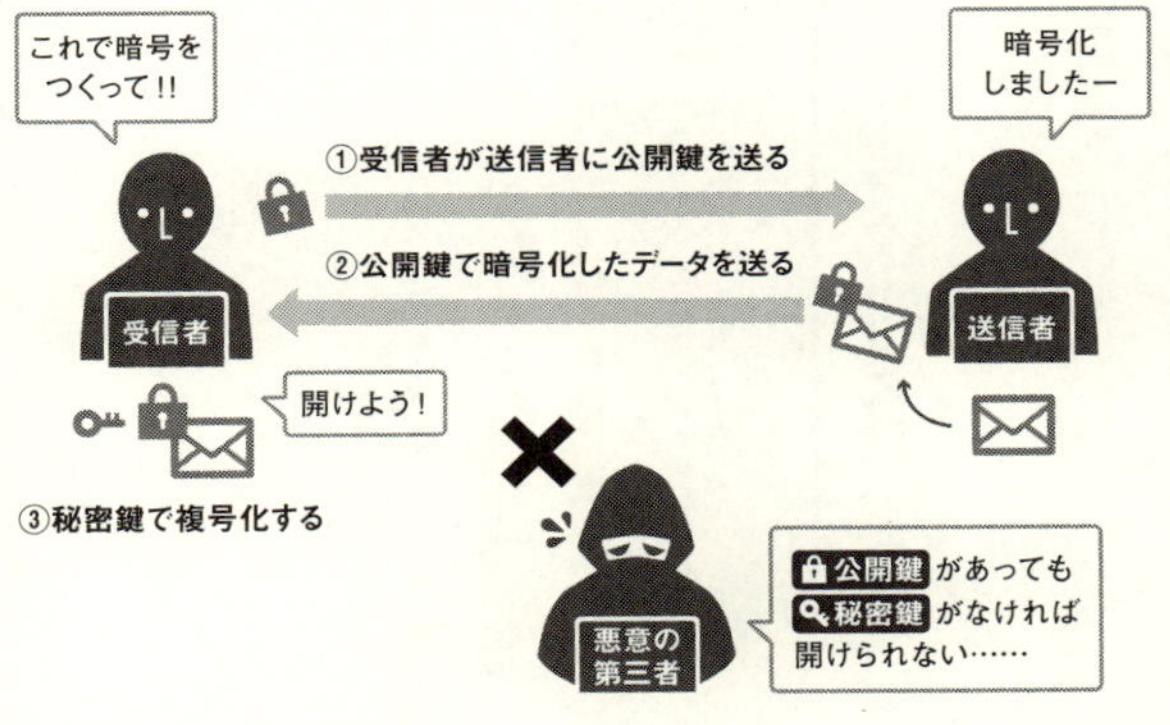
これで暗号をつくって!!
暗号化しましたー
①受信者が送信者に公開鍵を送る
②公開鍵で暗号化したデータを送る
受信者
送信者
開けよう!
③秘密鍵で復号化する
悪意の第三者
公開鍵があっても
秘密鍵がなければ
開けられない……

ということは、たとえばAさんの秘密鍵で暗号された取引の内容は、Aさんの公開鍵でしか復号化することはできない。逆にいうとAさんの公開鍵で復号化できたものは、たしかにAさんが送ったものであることが証明できることになる。

ブロックチェーン上でのやり取りは、Aさんが先ほどの取引の記録を自分の秘密鍵で暗号化し、ネットワークに送信する（ブロードキャスト）。ネットワーク上のマイナーはその情報を受け取るとAさんの公開鍵を使って復号化する。正しく復号化できれば、その内容がたしかにAさんのものであると確認できるので、マイナーは取引の情報をブロックに記録していく。

ここで重要なのは、自分の秘密鍵の管理がとても大事だということだ。というのも、秘密鍵を他人に知られてしまうとAは自分になりすました誰かに勝手に送金されてしまいかねない。これは、通常のシステムでパスワードを破られると乗っ取られてしまうのと同じだ。

また、自分が秘密鍵を忘れないようにすることも重要だ。

中央に管理者がいるシステムであれば、もしパスワードを忘れたとしても管理者がパスワードをリセットしたり、あるいは指定のアドレスにパスワードを送るなどの対応策をしてくれるが、ブロックチェーンの場合にはその管理者がいない。

自分が秘密鍵を忘れてしまったら、それをリカバリーする手段がないのだ（秘密鍵から公開鍵は生成できるが逆はできない）。たとえば、ウォレットに巨額の仮想通貨があったとしても、それを取り戻す手段がないということにもなるので注意が必要だ。

スマートコントラクトとは何か？

大まかなブロックチェーンについての説明は以上だが、より厳密で詳しい説明については専門書にあたっていただくとして、もうひとつ説明しておきたい概念がある。それがスマートコントラクトだ。

ブロックチェーンは、仮想通貨だけでなくさまざまな分野における取引への応用が期待されているが、そこにはここまで説明してきたブロックチェーンの技術だけでなく、その上で機能する「スマートコントラクト（Smart Contract）」を使うことが前提になっているものが多い。

スマートコントラクトを直訳すると「頭のいい契約」とでもなるだろうか。早い話が、契約に書かれていることを自動的に実行する仕組みのことである。

このスマートコントラクトの概念はビットコインなどが提唱されるはるか前、１９９４年にニック・スザボ（Nick Szabo）氏という法学者・暗号学者によって提唱されており、同氏がスマートコントラクトの例として挙げているのが自動販売機であることはよく知られている。同じように、自動的に契約を実行する仕組みが組み込まれていれば、それはスマートコントラクトが使われていると考えていいだろう。

契約というと、私たちは「契約書」を交わしたものだけがそうだと考えがちだが、実際には契約書なしに商品とお金の交換という価値の移転をしていることが多い。店頭で何かを買うことはすべてそうだ。私たちはお金と交換に何らかの商品、サービスを手に入れることを期待しているし、売り手側もそれを提供することを暗黙のうちに合意している。

ただし、店頭での販売のように、当事者同士が取引しているものはスマートコントラクトではない。自動販売機のように、当事者が暗黙のうちに合意した事項を実行するのがスマートコントラクトである。

これをブロックチェーンに乗せることも可能だ。まず、ブロックチェーンに取引条件を記載することで、あとでどちらかの当事者が契約内容を改ざんしてしまうという可能性がほぼなくなる。条件が満たされれば確実に、自動的に実行されることから、訴訟などが起きるリスクも減ってくるだろう。

条件とはたとえば、企業間の取引の場合には納品と同時に支払いがなされることはあまりなく、売掛けなどの形が多いだろう。「納品月末締め翌月末払い」などというようなものだ。納品書兼請求書のような内容の場合、契約内容としては、「会社Aから会社Bに対して0・1BTCを支払う」とする。その契約条件としては、「納品後5日以内に会社Bが納品したものに対する問題を指摘しない限り、検収したものとしてタイムスタンプの次月の最終日に支払う」というような条件を入れておくことも可能だ。こうすることで、事務作業も大きく手間が減ることが期待できる。

もっとも、世の中の契約は単純な売買契約ばかりではなく、条件がいくつも連なっている複雑なものも存在する。しかし、それらも一種のプログラムで表現してブロックチェーンに組み込むことも可能だ。その技術的詳細については割愛するが、そのような複雑な条件もスマートコントラクトで処理することができるのだ。

第2章

ブロックチェーンは仕事の仕組みをこう変える

「信用」を担保することは案外難しい

第1章ではブロックチェーンの基本的な仕組み、大まかな可能性について述べてきた。この章では、さらに深掘りして私たちの生活、特に私たちの社会に欠かすことのできない仕事の仕組みについて考えていきたい。

ブロックチェーンが私たちのビジネスを変える可能性を考える意味はふたつある。ひとつ目は、私たちが生きていくには働くことが必要で、そこに商取引、つまりビジネスの仕組みが大きな影響を与えているからだ。この数年議論されているが、AIの発達によって人間のすることがなくなる可能性も否定はできず、ベーシックインカムの導入で生きるための労働がなくなる時代が到来することもありえる。

しかし、それは少なくとも直近の未来ではないと筆者は考える。

これからを生きる私たちが考えなくてはならないのは、さまざまなビジネスの仕組みが、ITの力によって変化しているということだ。そして、この仕組みの変化によって、人々のパワーバランスも変わる。具体的には、組織より個人が力を持つようになるだろう。もちろん、どの個人でもそうなるというわけではない。〝自分の売り物〟をしっかり持っている個人ということである。

しかし、それは何も特別なことではない。現在でも数多くのフリーランスや企業に属さないプロフェッショナル（インディペンデント・コントラクター）たちが、個人として組織を相手に仕事をしている。ただ、今まではどうしても組織のほうに力があった。

それは、多くの場合「信用」に起因することが多い。日本の場合、たとえばクレジットカードをつくる場合でも、いくら実績があってもフリーランスだとクレジットカードをつくれないとか、お金を借りられないといった問題が起こることも珍しくない。

一方で、若い人でも会社員というだけでそのような問題は起こらない。特に勤めている組織が役所や旧財閥系の系列会社であれば完璧だろう。もともと日本では、一匹狼で何かやっている人間よりは、しかるべき組織に「仕官している」ほうが信用に足る人間であるという刷り込みがあるのかもしれない。

なぜそうなるのかという理由はさまざまだが、その根本原因に「信用」があるのは間違いないだろう。それだけ「信用」をはかることは難しい。先ほどのクレジットカードやお金を借りる話ではないが、純粋にその個人が信用に値するのかどうかを知るには経験と知識が必要だ。たとえば、仕事での信用に関していえば、自分の会社で一緒に仕事をしたことがある人であれば、どの程度の能力があるのか、コミュニケーション能力はどうか、性格はどうかということについての情報がある。つまり、比較的確実性の高い情報があるので、仕事を任せることができるかをある程度自信を持って判断できる。

しかし、そうした情報がない、初めて仕事をする人だったらどうだろうか。その人が信用に足るかどうか、あるいは単に一緒にできそうな人かをどうやって知ればよいのか。実のところ、本人の自己申告以外で判断できる材料はあまりない。

これまでどうやって人材を探してきたか

世の中の変化が激しい昨今では、プロジェクトごとに必要となるスキルが次々と変化していくため、必ずしも社員を雇うことにこだわらず、フリーランスを期間限定で雇うというケースも増えてきた。リソースを外部に求めざるを得ないのだ。

クラウドソーシングの発達で、比較的軽めの業務から重い仕事まで依頼することができるようになってきた。組織対個人、あるいは個人対個人でも受発注関係が増えてきている。インディペンデント・コントラクターとして活動している筆者自身、さまざまな形で仕事を依頼し、逆に受注することもある。発注するときに一番気がかりなのは、依頼先が本当にその仕事を仕上げてくれるのかということだ。

実のところ、この判断をきちんとすることは難しい。仕事を一定の品質で完遂するスキルがあるか、納期を守らないなどの問題がないか、総合的に判断する必要がある。そこでたいていは、仕事のやり方をお互いに把握している昔の仲間など、知り合いの中で仕事がグルグルと回ることになる。

その範囲内で仕事を回せないときは人づてにできる人を探るが、既存のネットワークで仕事ができるレベルの新しいスキルを持っている人を探すことは難しい。さらに、人を紹介するというのはある意味で重い仕事だ。紹介した人間がきちんとしたパフォーマンスを出せなければ、紹介者自身が信頼を失ってしまう可能性もある。また、人をつなげたところで紹介者自身には特に何も得るものがない。インセンティブが働かないのだ。

そうなると、次に頼るのは前述のクラウドソーシングだったり、インディペンデント・コントラクターをつなげるサービスだったりする。

そこではどうやって信頼を担保するのか。資格を持っていること自体はある種の証明にはなるが、資格があることと業務がこなせることは別問題だ。また、コンサルティングやプロジェクト管理の業務では職務経歴書で信頼性を証明することになるし、クリエイター系であれば自分の作品のポートフォリオで過去の実績を証明する。

問題はその信憑性だ。その人物の学歴や職歴などついて、またその人物の信頼性はどのように担保すればいいのか。その履歴書なり職歴なり実績なりについて、ウソでなければとりあえず問題がないと考えて、いくらか割り引いてとらえるというやり方もある。重要なポジションを任せる場合には、その人物が以前いた組織や詳しく知る人物に確認をとることもあるだろう。ただ、いずれの場合もその人物の信用情報を間接的に得ることになる。

ウソや誇張を見破るには経験が必要

信用という意味では、もうひとつ考えるべきことがある。書類に書かれている中身が正しいのかどうかということとは別に、それはたしかに書類に責任を持つ人からきたのか、ということだ。

紙の書類の場合、日本の場合は印鑑による捺印という行動によって保証されることになっている。現実問題として、これが機能していることはたしかだろう。ただし、実印や会社の代表印などは別にして、日常的に使用している三文判で捺印する場合には、単に書類の形式を整える以外の意味はあまりないだろう。100円ショップでは数多くの名字の印鑑が販売されているし、珍しい名字でも注文すれば誰でも程なく手に入れられる。

つまり、ハンコ自体は本当にしかるべき人間がその情報を扱ったのかどうかを本当の意味で担保してくれない。その証拠に最近では、たとえば見積書や請求書も紙（原本）ではなくメールにPDFを添付してやり取りすることも珍しくない。書類の体裁を整えてはいるが、別に会社の角印を押した紙をスキャンしているわけではなく、印章を取り込んだ書類のファイルを送っているだけだ。

ここまでくると、おそらく印章に形式以上の意味はないだろうが、このやり方で特に問題もないので、そのようにしているという場合がほとんどだろう。

まとめると、従来の取引には、ウソや極端な誇張がないか、逆に有益な情報が抜けていないかという内容の正確さと、たしかにその当人から送られてきたのかという情報の出自というふたつの問題点がある。

今まではそれを大組織が担保していたが、ブロックチェーンを使えばプラットフォーマーのような組織に頼ることなく、仕組みとして信頼性の担保を実現できる可能性がある。

それは、パワーバランスを一気に組織から個人に手繰り寄せることができる可能性があるということだ。

信頼が担保される仕組みの実現

すでに前章で、ブロックチェーンがなぜ情報の信頼性を担保するのか、技術的な観点から述べた。ここでは、その応用例についてさらに解説していきたい。

前項の流れで、企業の採用活動を例に話を進めていく。中途採用やフリーランスを採用する場合、前項で述べたふたつの信用性は重要だ。職歴がない新卒採用の場合でも、学歴がたしかなものかを確認するのは重要なことだ。

もうひとつ、人を雇う際のプロセスは基本的に煩雑で大きな労力が必要になる。現在は新卒、中途採用を問わず、ウェブベースで採用を行えるサービスが多数存在するが、それは逆にいうと求職者も手間をかけずにいくらでも応募が可能だということである。そのため、応募者をセレクトするのに手間がかかり、何よりも問題なのは、そこに書かれている履歴がたしかなものかよくわからないことだ。

重要なポジションであれば、さまざまな情報の検証もできればしたいし、バックグラウンドチェックもしたい。振り返ると、私たちは意外にも非常に限定された情報で、それらをハッキリとした根拠のないまま信用することにして決断を下している。幸いにも満足できるレベルの人材であることも多いが、鳴り物入りで入社してきたものの、フタをあけてみたら残念な結果に終わったということもある。それは必ずしも候補者のスキルが低かったということではなく、間違った人をとってしまったということも多いだろう。

信頼性の高い情報を集めてそうした〝ミスマッチ〟を防ぐために使えるのが、ブロックチェーンだ。

ＡＩに判断させれば、より適した人材を採用できる可能性が高くなるのではという意見もある。実際、人間のような思い込みのないＡＩのほうがより客観的な判断ができて、より適切なアドバイスを採用担当者にできるかもしれない。だが、それには判断のために集めてきた情報が正確で、信頼に足る場合には、という条件がつく。信頼度の高い情報があれば、人間の採用担当者でもそこそこ適切な判断ができるだろう。

では、実際の人材の採用でブロックチェーンはどのように活用できるのだろうか。その有効な方法のひとつであるスマートコントラクトを使用するというアプローチが、すでに実際のサービスとして出てきている。

前述したように、問題のひとつは履歴の信憑性の担保だ。明確なウソを書く人はそれほど多くないだろうが、極論すれば履歴書には何でも書くことができる。

また、スペースに限りのある履歴書や職務経歴書では、それがどんなに濃い仕事であっても1行で片づいてしまうし、逆にほんの少しかかわっただけでも同じ1行になり得る。

もちろんどちらもウソではないが、いざ仕事をしてもらおうと思ったときに、その成果は大きく異なるだろう。もっと意味のあるブロックチェーン履歴書が欲しいところだ。

ブロックチェーンを活用した人材採用のベンチャー企業、Aworkerではまさにブロックチェーン履歴書とでもいうべきサービスを提供している。ブロックチェーン上に、スキルや経験などの職務経歴、あるいは資格などを保持しておくことができる。このサービスではイーサリアムを使った「WORKトークン」と呼ばれるものを使用する。

ビットコインなどでは取引あるいはマイニングでコインを得るが、このWORKトークンは、たとえばあなたが誰かをある仕事に推薦し、最終的にその人物が面接を受けたり雇用されたりすることで獲得できる。また、何かの仕事を引き受けたり、業務に関連する教育やイベントへ出席したりするなど、業務に関係する活動からトークンを獲得できる。

個人のスキルや仕事に対する評価は分散型のコミュニティにおける評価と検証が行われるため、信用があればあるほど個人の価値が高くなっていく。ブロックチェーンを使っているため、記録の改ざんも事実上できない。これによって、本当に実力のある正直者の評価が高くなるというフェアな採用プロセスが実現できるかもしれない。

このような採用のプロセスはまだ発展途上にあり、日本における採用慣行がそう簡単に変わるとも思えない。とはいえ、今後の少子化もあって適切な人材の採用は一層困難になっていくことが予想される。そうした中で、ブロックチェーンを使った採用プロセスが効率化につながることが認知されれば、案外普及は速いのかもしれない。

通貨の代わりに信頼が流通

通貨の代わりに信頼あるいは信用が流通するというと、少し誤解を生むかもしれない。というのもこれまでの歴史でも取引を行ううえで信用が流通してきたからだ。

もちろん、「直接的」に何かものを売ったり買ったりするには何らかの通貨が必要だが、通貨も「信用」が化けたものだといえる。

特に現在の貨幣はそれこそ信用の産物だ。世界的に流通するドルもニクソンショック以前は金との交換が可能だったが、今はそうではない。日本円にしても、日本という国に対して何らかの信用を抱いているからみんな使っているにすぎない。

ちなみに、人間は集団的にフィクションを信じる力を持つことができたために発展することができるという説については、『サピエンス全史』（ユヴァル・ノア・ハラリ著、柴田裕之翻訳／河出書房新社）に詳しい。

この10年程度で、さまざまなビジネスがより少資本、少人数で立ち上げられるようになってきているが、ここで大事なのが「信用」だ。従来は大会社であるというだけで信用があったので、個人にとっても大組織にいることが重要だった。

もっとも、信用そのものに「直接」値がつくとは考えにくかったが、最近は変わりつつあることを象徴するものが「ＶＡＬＵ」というサービスだ。ＶＡＬＵはある種の疑似株式ともいえるもので、ビットコインを使って個人に投資することができる。つまり、個人でも会社のように投資してもらうことが可能になるわけだ。２０１７年には、あるユーチューバーが自身の「ＶＡＬＵ」の価格を釣り上げて売り抜けたことがニュースになったので、聞いたことがある人も多いだろう。

すっかり資金調達のひとつのやり方として定着したクラウドファンディングも、信用を売買しているのだともいえる。自分が応援しようと思っているプロジェクトに投資するわけだが、個人にせよプロジェクトにせよ、応援しようと思うときには何らかの「信用」や「信頼」がそこにあるはずだ。基本的には、信用できて何かを成し遂げてくれそうな人の株は上がり、そうでない人のものは低迷するということだ。

最終的には、資金という形で何らかの通貨に化けるとはいえ、その過程で流通していくのは、信用ということになる。その信用を通じて人々は出資を得たり、仕事を得たりするわけだ。

ブロックチェーンの活用で信用が可視化される

もっとも、VALUなどこれまでに話題になったサービスでは、基本的にフェイスブックやツイッターなどSNSでの露出が大きく、日ごろから情報発信をたくさん行い、SNS上でのつながりの幅が広く、広くインフルエンサーとなれる人の価値が高い。よい仕事をしていたとしても、SNSなどをあまりやっていないと恩恵にあずかることができない。信用というよりは、その個人の影響力の強さが評価の基準だともいえる。

そういう意味で、より信用の流通に近いものが中国の「芝麻信用」だろう。これは、中国の通販サイトであるアリババなどでの購買履歴などが評価の対象になっている。さらに、中国では2020年までに社会的信用に関する法律の整備を行うことになっている。すでに、信用がないと判断されたことで、航空券の購入を拒否された人がいるとの報道もされた。プライバシーの問題はともかくとして、昨今の私たちの経済活動を含むあらゆる活動はもはや完全にネットから切り離されていることは少なく、何らかの形でデータになっていることが普通だ。

個人の情報が勝手に、しかもさまざまな分野をまたいで総合的に評価されるとなると日本ではプライバシーの問題などからかなり議論が起こりそうだが、たとえば職業だけなどと分野を限り、就職活動などに目的を絞って個人が自分の意思で積極的に公開し、信用を流通させるということはありえるだろう。

現在のSNSにおいても、自分の日常を発信するなどして積極的に活用する一方で、ほとんど利用しない人もいる。今のようにSNSがより大きな影響を持つ時代においては、一匹狼のフリーランスや組織に勤めていても自由に情報が発信できる立場の人は有利だ。

日本ではフェイスブックやツイッターで常に自分の活動や成果を発信する人も多く、多少〝盛って〟いるとしても、その人が何をやっているのかをそこで検証できる。それ自体が「信用という通貨」になり得るのだ。

しかしそんな人ばかりではないし、もっといえば、そんなことをしたくてもできない立場の人も多いだろう。同じ組織の中では自分が何をやっているのかをいえるが、社外に対しては公開できない内容も多い（だからこそ、職務経歴書などもぼやかして書くことしかできないわけだが）。

ところが、ブロックチェーンを活用すれば信用が可視化できるようになる。たとえば、履歴にある業務をやったというエントリーがあったとする。その業務の顧客自体は社外にはオープンにできないものの、その日時にその仕事をしていたということは証明できる。

これは、文書の存在の証明と同じだ。国会の答弁でスキャンダルがあった際に、ある公文書が本当にあったのか、あるいはその文書が改ざんされている可能性がないか問題になることがある。このような場合にもブロックチェーンを応用することで、内容を明らかにすることなく、なぜその文書が存在しているのか、改ざんがないかどうかをブロックチェーンに書き込まれている情報から判断できる。

個人の履歴についても、同様のことができると考えられる。人を雇う、雇われる、あるいは自分の事業のために資金を集める、物資を手配する——。それはどれも労力のかかることだが、現在はお金を用いて解決している。

だが、ブロックチェーンによって「信用」が流通することになれば、お金の代わりに信用でサービスを調達できるかもしれない。もちろん「信用」を直接使うことはできないが、「お金」も同様だ。どちらも手に入れたいものを得るための媒介にすぎない。

現在は「お金」だけがその役割を果たしているが、これからは「信用」も同じ役割を担うと考えれば、現実性が出てくるだろうか。

意味のない中抜きとリソース検索のコスト

ビジネスで何か新しいことを始めようとするとき、それがまったくの新しい分野である場合はどこから始めればいいのかわからないことも多い。こんなときに大事なのが事業を助けてくれる人を探すことだ。新たに雇用することになるかもしれないし、新しい取引先かもしれない。

いずれにしても、その分野に〝土地勘〟がないといずれも見つけることは難しい。

幸い、インターネットでの検索やソーシャルメディアなど、ネットの活用でより効率よく探すことができるようになっているが、問題はそこから先だ。ネットにある表層的な情報だけでは、見つけた人材や会社が本当に自社の事業を助けてくれるのかどうか、わからないのだ。また、仕事を受ける側の場合でも、発注しようとしてくれている会社が本当に信用のおける会社なのかどうかはわからない。

たとえば、筆者がある業務のために必要な作業をやってくれる会社が見つかったとして、たしかに大丈夫だと確信がもてることはあまり多くはない。詳しく話を聞いてみると、実はその当該分野では経験がないなどということは珍しくもない。

逆に、筆者がある業務を請け負うにあたって、ある会社から急に連絡を受けたことがある。ネットの検索で見つけたわけではなく、共通の知人経由からの紹介だったとのことで、そういう意味ではその知人が私の信用の少なくとも一部を担保した形で紹介してくれたことになる。

ただし、実際に業務を一緒にやろうというのにはまだ不十分だったようで、連絡をしてきた担当者はその後筆者の会社にやってきてこちらの過去の実績や制作したものなどを確認し、こちらも先方の会社の業務内容などをお聞きして、ようやくお互いに安心して仕事を進められることになった。

つまり、リソースの検索コストとは、単にやってほしい業務をしている人や会社を見つけるだけではなく、本当に仕事ができるのか、その信用もすべてを含んだ検索なのだ。その検索、つまり探しもののコストというのは案外かかるものだ。

しかし、情報がブロックチェーンに格納されることで、より少ない労力でお互いの信用につながる情報を得られるようになる。その人がどのような仕事をして、どのような相手に提供したのか。どのくらいのコストで提供しているのか。どのような権利を持っているのか。どの程度の規模のプロジェクトを動かしたのか。その会社は、どんな技術やどんな設備をどのくらいのボリュームで持っているのか。海外との取引の経験はあるのか。それはどこの国か。納期はきちんと守られているのか。逆に支払いはルーズではないか――。このような情報がすべて含まれる。

問題のある会社や取引先があらかじめわかる

基本的にネット上での検索であれば、そこまで詳しいことはわからない。財務の状況などは帝国データバンクなどからわかるかもしれないが、上記に述べたような詳しい状況については、実際に相手と話をしてみるしかない。

そこで、だいたい相手が正直にいっているかどうかを値踏みするしかない。さらにいえば、相手が大きな組織の一担当者であれば、自分が知りたいことをすべて知っているとは限らない。だから、実に手間とコストがかかるプロセスだ。これがネットとブロックチェーンを介すことで実現できるとすれば、大きくコストが削減される。

あなたの経歴をブロックチェーンに乗せると、より詳細な記録をオープンにしながら匿名性を保持できる。たとえば、あるプロフィールを公開したときに、それがあなたという個人とひもづけてオープンにする必要はない。ポイントは、必要な人材を探している会社はまずあなたという人がいることを知る前に、あなたの正確な履歴を知ることができるという点だ。あなたが女性か男性か、もしくはそもそも明かしたくない事情がある場合にも、そんなことをオープンにする必要はない。

逆に企業としては、求める仕事の職務内容に合わせて期待するスキルセットを明確に表現する必要がある。あいまいな検索条件ではあいまいな結果しか出てこない。

もちろん、検索条件が悪い場合はもちろん、検索条件に問題がなくてもはじかれてしまうことはある。その場合、人間の担当者のように「条件には合わないが、ひょっとしたらこの人は案外いいのでは」という勘は働かない。また、何かの間違いで雇ったが実は別のところで能力を発揮するということもないだろう。

ただ、組織と人間の関係がより短期的なものになると考えれば、よりピンポイントで人材を見つけられるにこしたことはない。

これまでの検索とのもうひとつの違いは、ブロックチェーンが履歴を保存できるという点だ。ネット検索だけでは過去の情報までさかのぼって見つけることは難しい。現時点でのスナップショットにすぎない。

一般的なデータベースもそうだ。最新の情報がやってくれば、当然それまでの状況に上書きされる。記録の改ざんの可能性が非常に少ないブロックチェーンで履歴を含めて検索することができれば、その人なり組織なりの行動まで含めてわかることになる。

これは重要だ。なぜ、その人や組織は今そのような状況になっているのか。問題のある会社や人をあらかじめ知るということも可能になる。

現在のネット検索の仕組みでは、そこまでの検索はできないし、履歴を知ろうと思えば検索の結果から出てきた対象の履歴を調べるしかない。だからこそ、どうしても必要なときにはコストをかけてでも調べたわけだ。

面接だけ上手な相手に騙される可能性も少なくなるし、逆に能力があるのにアピール下手な人を見逃すことも少なくなるだろう。

契約がよりフェアになる「スマートコントラクト」

上手く人材や取引先、協力会社が見つかった場合には、次のステップに進む。それが実際にどのような業務をやってもらうのかを調整したうえで、契約を進めるということだ。まず、協力会社への外注などの関係を考えてみよう。

業務の範囲が限定されていて、かつ小規模であればそれほど契約内容でもめることは少ない。もっとも時間がかかるのは知財などの分野だが、必ずしも知財がかかわる仕事は多くないので、納品物・成果物を明確にして納期や支払い条件を決めるくらいであれば、たいていは大事にはならない。

ただ、そのような比較的小さな業務でも、見積もりのときの条件と支払いの条件を細かく詰めていなかったことで、もめたりして支払いが進まないことがある。小さな企業や個人事業においては、場合によっては理不尽なことでもめて支払いが遅れることは、そのビジネスにとって冗談抜きに死活問題になる。日本の場合は契約をあまり詰めずに、あいまいなまま進めてしまうことも珍しくないため、トラブルになることがある。

もちろん最近では契約書を交わすことは当たり前になってきているが、一般的にそこで取り決めているのは全体的なもので、詳細を微に入り細に入り書いていることは少ない。基本的には業務が上手くいっているときに契約書はいらないし、またそもそも契約内容よりもっと細かいことでもめていることも多い。

そこで登場するのが、ブロックチェーンを利用したスマートコントラクトという仕組みだ。紙の契約書の場合には、契約があってもその解釈によっては裁判に訴えなければ強制力を発揮できない場合がある。そうなると体力のない個人や零細企業にはハードルが高い。契約書に強制力がなく、単なる記録用紙であることに問題があるわけだ。

ところが、スマートコントラクトが実現すれば状況は変わってくる。スマートコントラクトを簡単にいえば、ある条件が満たされたときにデジタルな資産を自動的にAさんからBさんに移転する仕組みのこと。したがって、たとえばスマートコントラクト上で業

■スマートコントラクトの流れ

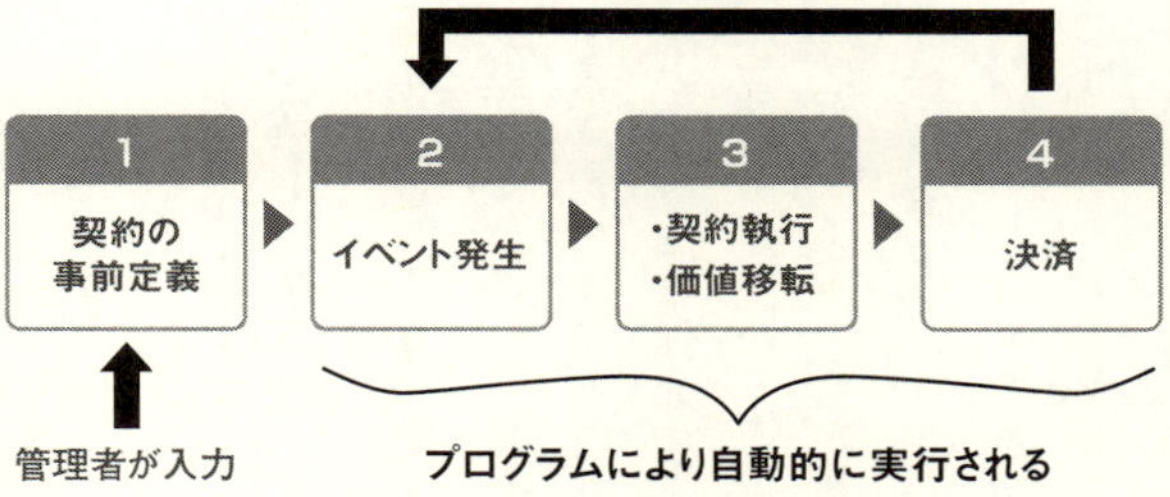

務の取引条件として決められていることがすべて満たされれば、請求書を発行する必要もなく、自動的に支払いが行われる。ブロックチェーン上のスマートコントラクトと紙の契約書の違いは、この強制力の存在ということになる。

本書で予測しているように、小規模な事業者や個人がより活躍する時代においては、スマートコントラクトはひとつの福音になり得る。本来の業務に集中できる仕組みであるうえに、仕事が完了しているのに入金されないとか、場合によっては訴訟コストも心配しなくてよくなる。もちろん、これは大きな企業にも契約の仕組みがよりフェアになるというメリットをもたらす。

ブロックチェーンやスマートコントラクトは、業務の前後、すなわち人や協力会社をより高い精度で探すことができ、業務が終わると手間なく条件に合わせて支払いなど処理できるという点で現状を大きく改善することが期待できる。

業務の〝調整コスト〟が大きく削減される

では、業務の過程においてブロックチェーン活用の可能性は考えられるだろうか。

ここで、業務を分解して考えてみたい。業務のひとつを、何か成果物そのものをつくる作業だとする。たとえば筆者が日常的にかかわっている設計などの現場においては、製品の3Dデータや図面を作成するという作業がある。

もし何か教育をしている人であれば、講習などを実施することがいわゆる実務にあたる。この部分においてはブロックチェーンが登場してくる要素はあまりない。しかし、このような仕事は一般的に、自分一人でできるわけではない。関連する人たちとの調整ごとが必要になる。調整ごとは担当者間で行うことも多いし、より全体像を把握する必要があるものについては「マネージャー」が行う。

しかし、このマネジメント業務は容易ではなく非常にコストのかかるプロセスでもある。

マネジメントの業務は多岐にわたるため、簡単にブロックチェーンが解決するというのは乱暴すぎるかもしれない。しかし、スマートコントラクトの仕組みを使うことで、自動化できる仕組みも多々あるはずだ。

恒常的な会社組織の運営だけでなく、たとえばシステム導入などのために組まれるプロジェクト管理だ。プロジェクト管理はそれ自体がひとつの大きな業務分野であり、ＰＭＰなどという世界的なプロジェクトマネジメントの資格が存在するくらいだ。

大型のシステム開発では、プロジェクトマネージャーが倒れて入院するなどという話も昔からよくある。プロジェクトが佳境に入ると、「デスマーチ」と呼ばれる長時間労働、深夜残業、休日出勤が常態化する。筆者も身に覚えがある。

ここは、なぜプロジェクトがそのような状況になってしまうのかについては触れない。ただプロジェクトマネージャー自身が、自責か他責かはさておき、プロジェクトのボトルネックとなりパンクしてしまう状況はよく発生している。

これを解決しようとすれば、何かプロジェクトマネージャーがいなくても業務が回る仕組みを考えるか、少なくともプロジェクトマネージャーの仕事を大幅に楽にする仕組みを考える必要がある。そこにもやはり、スマートコントラクトを活用できないだろうか。

実際、そのような考え方やサービスは出てきている。「ProjectMangement.com」というウェブサイトによると、ロシア政府が所有するVBEという銀行は、ブロックチェーンをプロジェクト管理のプラットフォームとして実装することを計画しているという。

ではどうやってプロジェクト管理にブロックチェーンを使うのだろうか。プロジェクトマネージャーは、必要な業務すなわちタスクを細分化し割り振って、相互のタスクの関係を確認しながらスケジュールを作成していく。各タスクの成果物と完了基準などを決め、人を配置する。スケジュールどおりに進むプロジェクトはあまりなく、必要に応じてスケジュールを調整していく。

ブロックチェーンを使う場合には、細分化した各タスクをスマートコントラクトとして定義していく。これによって、何か遅れが生じているタスクがあればすぐにわかるし、その遅れが他のタスクにどの程度影響するのかも即時に把握できる。調整もソフトウエアに任せればより効率的だ。タスクが完了したタイミングで各担当者に何らかのインセンティブを支払うような仕組みがあれば、担当者のモチベーションにもつながる可能性もある。

同様の仕組みを通常の業務に組み込んでいくことで、業務における調整コストが仕組みとして大きく削減される可能性が高まってくる。

意味のない中抜きがなくなる

また、このことは意味のない中抜きの排除にもつながる。労働集約的な体質を残しているのはＩＴ業界だけでなく、多重下請けの構図は業界を問わず珍しいことではない。

また、流通プロセスでも中間マージンをとる業種が数多くいる場合がある。そうした場合でも、きちんと業務を定義できる人が大元の発注者にいることが条件にはなるが、ブロックチェーンでよりダイレクトな形で必要な人材を直接集めることが可能になる。

大規模な開発業務では、たしかにとりまとめる立場の会社も必要だが、それが何重、階層にもなることは考えにくい。

そもそも、人や協力会社を見つけることがよりダイレクトに、より高精度にできるようになれば、自動的に不要な中抜きは排除される。

現在の仕組みでは、実際に仕事をする末端に本来の報酬はなく、逆に元請けは必要以上のコストを払っている。ブロックチェーンの仕組みが普及することで、間接的にではあるが意味のない中抜きが排除されていくことが期待できる。そもそも労働力が減っていく今の日本においては、もっと本質的なところに人材を割く必要があるのだ。その後押しをするのがブロックチェーンだともいえる。

集中していたパワーが分散する

ブロックチェーンは、もっとビジネスのあり方を根本的に変える可能性がある。

その象徴的なものが権力の分散化だ。今まで、何か情報を効率よく集めようとすると、どうしてもそこにプラットフォームや情報提供や紹介を行う仕組みが必要であり、それらを運営する会社組織に多くの情報が集まり、その結果として力が集中する。

その仕組みが上手くいっているとしても、ある組織に依存する仕組みであることに変わりはない。

インターネットが出てきた当初は、ネット上にさまざまなサイトが存在しているだけだったが、それだけでは不便であるためいわゆるサーチエンジンがいくつも登場してきた。そのようなサーチエンジンも徐々に絞られ、「ググる」という言葉のあるＧｏｏｇｌｅを筆頭に、いつの間にか寡占化が進んでいる。

もちろん悪いことばかりではない。たとえば個人として自分を売り出すときに、履歴書を自分のホームページにアップしておいたところで誰が見にくるだろうか。

そこで、エージェントに一度情報を集めてそこ経由で企業とつないでもらったほうが明らかに効率がいいことはたしかだろう。だが、それは逆にいえばそのようなサービスにあなたの命運が握られているともいえる。つまるところ、権力者とそこに従う者の構図は変わっていないわけだ。

ブロックチェーンに管理主体はない。ビットコインのように取引所に値する存在はあっても、中心はなく、したがってあなたを支配しようとする存在もない。

だから、しっかりと仕事ができるのであれば、一方的に搾取されることもないし、一方的に意味もなく得をすることもない。力が分散していき、誰もが正当な分け前を得ることが期待されるのだ。

このことから、個人の事業者がゆるやかなネットワークを組んで仕事をするのもやりやすくなる。すでに、日本のインディペンデント・コントラクターの中にも、チームを組んでより大きな企業からの仕事を対等な立場で受けて仕事をしている人たちもいる。

そんな働き方の変化が期待できるのだ。

これからますます加速するシェアリングエコノミー

より個人が主体的にビジネスをするという観点では、シェアリングエコノミーとブロックチェーンの組み合わせが考えられる。シェアリングエコノミーときいて何を思い浮かべるだろうか。シェアできるものは何でもシェアリングエコノミーになるはずだが、やはり代表的なものは民泊業者のエアビーアンドビーや配車アプリを運営するウーバー、あるいは最近の東南アジアだとグラブ（Grab taxi）などの配車アプリ運営企業だろう。法的な問題とは完全に折り合いがついていない場合もあるだろうが、これらの登場で個人が使っていない部屋を貸したり、あるいは自分の車を使って稼いだりすることが可能になった。この功績は否定できまい。

だが一方で、これらは本当のシェアリングサービスではないという声もある。要するに、エアビーアンドビーやウーバーの運営会社がたくさんの個人事業主を束ねているが、一番大きな利益を吸い上げているのは運営会社だということだ。

しかし、その一方でエアビーアンドビーやウーバーは、利用者と提供者を確実に結びつけるためのプラットフォームに投資し、何よりも「信用」を提供するためのコストを払っているため、必ずしもそれが不当だとはいえない。また、既存の事業者や政府とトラブルがあったとき、対応の矢面に立つのはもちろん運営会社だ。

合法か違法かはともかく、たとえば海外で正規のタクシーではない車があなたの横に停まり「目的地まで乗せていく」といわれて、乗る人はどれだけいるだろうか。よほどのチャレンジャーでない限りは乗らないだろう。下手をすると命を落としかねない。本当に信用のできるドライバーなのかもしれないが、信用する材料がないのだ。

その信用をウーバーが担保してくれるのであれば、タクシーでなくてもウーバーであれば信用するということになる。たとえば東南アジアなどでタクシーに乗ると、メーターを倒さないことも多いので交渉をする必要があるなど面倒なことが多い。

しかし、ウーバーならそれが一切不要になる。乗客としては事前に料金がわかるため、ボラれる心配なくちゃんと目的地につれていってもらえる。筆者も、この安心感ゆえにウーバーが使えるところではウーバーで移動することが多い。

運転手の評価もされているため、問題のない運転手かどうかがあらかじめわかる。これは、運転手側にもメリットがある。最初から行き先がわかるし、ウーバーが間にいるのでとりっぱぐれもない。また、乗客のほうも評価されているので、問題のある客だったら最初から乗せないという選択肢もある。そのかわり、運営会社は情報を集めて自分たちの力にし、利益を吸い上げているわけだ。

だが、これもブロックチェーンを活用することで、本当の意味でのシェアリングサービスにすることができる。ブロックチェーンを使うと中央集権的なプラットフォームがなくなり、お互い個人の身元や記録をよく知らなくても確認できる。

支払いも仮想通貨で行き先に応じてあらかじめ決めた金額で、つまりウーバーなどと同じような形で行うことが可能だ。

すでに、Arcade CityやSwarm Cityというブロックチェーンに基づいたライドシェアのサービスも存在している。もちろん、ブロックチェーンを活用したシェアリングサービスが成功するかどうかは別の話だ。

たとえば、今までより十分に安いタクシーがストレスなく乗れるようであれば別の話になる。また、人を乗せる以上安全かという問題もある。エアビーアンドビーも概ね信用できるがそれでも事件は起きる。大阪で殺人事件が2018年2月にあったとか、そこまで大きな問題になっていなくても設備として問題があるなどの問題は発生している。

ただ、これまでは人を乗せて稼ごうと思えばタクシー会社に就職するか、日本だと経験を積んだうえで個人タクシーの運転手になるしかない。だが、新たな稼ぐルートをつくったという意味では大きい。遊んでいる部屋を有効に使うメリットもある。

引き続き、ブロックチェーンはシェアリングエコノミーの観点から新たなビジネスを側面から支援していく可能性は大きい。

第3章

大予測！ ブロックチェーンが変える 社会と産業

ブロックチェーンがもともとビットコインという暗号通貨のための仕組みとして世の中に認知されてきた以上、どうしても金融関連の話が多くなる。本書の解説でも、基本的にはビットコインを意識することが多かった。とはいえ、ブロックチェーンの視点から考えれば、ビットコインもその応用例のひとつにすぎない。

しかしここ数年、ブロックチェーンを仮想通貨以外の用途に使用するのも有望だという認識が少しずつ広がってきている。実際、仮想通貨の代表ともいえるビットコインは一時の大熱狂と極端な乱高下のあと、すっかりニュースにもならなくなってしまった。仮想「通貨」でありながら、投機の対象になってしまっていることも問題だ。

この章では、ブロックチェーンを仮想通貨以外のどのような用途で活用することができるのか、そこにどんな変化が期待できるのかを考えていきたい。

保険

ある意味で金融に近いが、保険という分野ではどのような活用法が考えられるだろうか。一般に保険とブロックチェーンといわれてもピンとこないだろう。

通常の保険の流れを考えてみると、たとえば生命保険であればまず営業担当者と話すなり、最近であればウェブなどで資料請求をすることもあるかもしれない。保険の内容を検討し、プランを決め、契約時に告知を受けて無事に契約が終わればあとは毎月銀行口座から保険料が引き落とされるだけだ。何事もなければ、保険について思い出すのは年末調整か確定申告のときくらいだ。

生命保険には入院時の特約などがついていることも多いので、入院したときなどはその請求をする。さらに、保険には損害保険や自動車保険などもある。契約者として気になるのは、何かあったときに迅速に支払ってもらえるのかなどということだが、ここにブロックチェーンが生きてくる可能性がある。

実は、保険業界ではブロックチェーンの活用とその可能性についての検討が進んでいる。ブロックチェーンの「改ざんされにくい」という特徴、そしてブロックチェーンから派生するスマートコントラクトというふたつの点で有望視されているのだ。

前述したように、スマートコントラクトはあらかじめ定義されている条件が満たされたときに、自動的に指定されているアクションが実行されるような仕組みだ。スマートコントラクトでは、その仕組み自体に信用が組み込まれているため、あとは受け取った情報に基づいて自動的に処理が進む。

これまでの保険の仕組みでは、保険会社は受け取った情報を検証し、それに基づいて支払いのための作業を行う。当然、ここには数多くの人が介在し複雑なシステムが存在する。確実に処理が進むかどうかをモニターする必要があるためだ。

潜在的には、これらの処理が全部自動化され、人が介在しなくても支払いまで実行できる可能性がある。保険の受益者にしてみればスムーズかつ迅速に支払いが進むし、保険会社側もその処理が大幅に効率化され、コストが下がり、それによって顧客満足度が向上する可能性がある。

すでに東京海上日動火災とNTTデータによって実証実験も行われている。2016年12月から2017年3月にかけて、外航貨物海上保険の保険証券について、ブロックチェーン技術が適用できるかどうかを検証している。具体的には外航貨物海上保険につきものの信用状、インボイス、船荷証券をブロックチェーン上で扱った。保険契約に関する情報を保険会社、加入者、鑑定会社間でブロックチェーンにより共有することで、煩雑なコミュニケーションを迅速に行えるようになったことが検証できている。

保険会社にとっては、信用状の保険条件を手入力する時間を1／6にまで短縮し、港湾における貨物集積リストの10％を削減、あるいは保険申込者は輸出会社の申し込み所要時間を約1／7にまで短縮するという定量的な削減効果も確認されている。

ブロックチェーンで取引を行うことでミスや無駄、間違いや不正の可能性を排除でき、時間やコストの削減ができる。もちろん、AIやIoTなどを活用することでこれ以外の情報も共有し、活用することでより自動化した査定なども可能になるかもしれない。

交通

交通の分野でももちろんブロックチェーンの活用は考えられている。ただ、ひとことで交通といっても多種多様な業務が含まれている。ひとつにくくってしまうのは乱暴なことは承知しているが、どのような可能性が追求されているのかを簡単に紹介していこう。

金融関連と同じように、交通の分野でも大手の自動車会社などが導入に向けた実験に取り組んでいる。たとえば、2017年にはトヨタ子会社のToyota Research Institute社がブロックチェーンを研究に使う検討を開始したと発表しているし、2018年にはアメリカのフォードが、ブロックチェーン技術を用いた通信システムによって交通の流れを促進する特許を出願したことを発表している。

交通分野において、ブロックチェーンを使う可能性のある領域はいくつか存在するが、日経Automotiveのセミナーで国際大学の高木聡一郎准教授は、自動車の応用への可能性として次の分野を挙げている。自動車の走行記録などのデータの保全、情報資産の所有者情報、管理者のいないプラットフォームの構築などだ。

たしかにどれも、ブロックチェーンの特徴をいかした用法だといえる。記録という面では、走行距離や整備記録、保険に使用する走行データ、開発時の試験データなどがある。

ブロックチェーンの特徴から、承認の回数が増えればそれだけ改ざんのされにくさも増えてくる。現状、走行距離や整備記録などはその気になれば改ざんも可能だが、一方で車の売買や保険などにおいては重要な指標でもある。

ブロックチェーンの活用という点では、すでに日本においてもガイアックスが自動車をシェアするときの本人確認データを記録する目的でサービスの提供を開始しているが、このサービスではブロックチェーンを使うことができる。

同社によれば、このサービスを使うことで、事業者が本人確認、個人情報管理などに要していた労力、時間、コストを大幅に削減できるとしている。ブロックチェーンを使うことで、シェアサービス事業者が、ブロックチェーンの記録を参照することで本人確認をすることができるわけだ。これは、ブロックチェーンの仕組みが信用を担保していることをいかしている。

前述したフォードの取り組みはトラフィックそのものに関するものだ。簡単にいえば、仮想通貨のトークンを交換して交通の流れをスムーズにするというもので、車両間で通信するための装置になる。まだ特許の段階だが、たとえば自分の移動時間を妥協したドライバーは、急ぐ必要のあるドライバーからトークンを受け取るというような形だ。

つまり、速度を譲るドライバーにもインセンティブができるし、逆に同じドライバーが今度は急がなければならないときは、トークンを他のドライバーに渡すことでスピードアップできる。渋滞に捕まっているドライバーの移動時間のニーズはそれぞれ異なるはずなので、トークンの交換はたしかに交通渋滞の緩和に大きな可能性がありそうだ。

航空業界でもブロックチェーン活用のための取り組みが進んでいる。そのうちのひとつが航空機の部品の整備だ。航空機に使用されている部品は多岐にわたり、そのサプライヤーもさまざまだ。そしてどれが壊れても、最悪の事態を引き起こす可能性がある。メンテナンスの手間とコストは航空機業界の大きな課題だといえる。

航空機のジェットエンジンは非常に過酷な使用状況であることは素人でも想像がつくが、どのような部品にどの会社のパーツが使用されているのかを把握している必要がある。それぞれのメンテナンスの結果や消耗具合を把握し、基準にしたがって交換する。

交換時期やサプライヤーなど必須の項目はすべて記録される。その際、メンテナンスの記録が一番最初のものから最後のものまで一元化されていれば全記録を追跡できるはずだが、実際にはそうはなっていない。複数の会社がそれぞれ記録しているのだ。

ところが、もしエンジンが製造されてから直近に至るまでの整備の記録がブロックチェーンに記録されていたとしたらどうだろうか。ひとつの管理台帳として分散管理されることで管理工数の大幅な削減にもつながるし、また記録の信頼性を保つことにもつながる。ブロックチェーンをいくつもの整備工場が共有することで、どこか特定の整備工場に限らず、必要に応じてどこで整備しても記録が残りかつ共有できる。整備の負荷分散にもつながることになるだろう。

これはひとつの例であるが、安全という航空業界にとって死活的に重要な領域について、妥協することなく効率化できる可能性が高い。これらの取り組みのコストが下がれば、たとえば航空券などの費用の還元を通じて利用者もよい影響を得られる。

農業

農業もＩＴの活用が進みつつある分野だ。特に若手中心の農家や異分野からの新規参入者はＩＴの活用に熱心であることも多い。ＩｏＴを活用して情報を集めたり、ＡＩを活用してより効率のいい農業をしていこうと取り組んでいる。農業ＩＴという言葉もあるくらいだ。では、このような農業の分野においてブロックチェーンはどのように活用できるのだろうか。

前項で述べた航空機の分野と同様に、農業でもトレーサビリティがブロックチェーン活用のひとつのポイントになる。

特に昨今、重要視されているのが食の安全だ。日本では偽装が時々起こるが、食の安全についてそれほど警戒する必要は多くはない。多くのスーパーでは産地だけでなく、誰がつくっているのかということも明記されている。スーパーで買う食品類だけでなく、ファストフード店や居酒屋などでも契約農家を写真入りで表示するなど、食のルーツについての意識は高い。

しかし、私たちはどの程度そうした表示を信用しているだろうか。詳細な流通経路はわからなくても、この店が、この会社がいっていることだからウソではないだろう、安全な農家がつくっているのだろう、と信用している。

ときおりそれが裏切られて大きなニュースになるのは、われわれがネットワークの管理者を高く信用しているからだともいえる。

もし、ブロックチェーン上にトレーサビリティの証明に必要な情報が載せられていれば、誰が販売していようと誰がつくっていようと、その食品に何か危険なものが使用されていないということが仕組み的に証明できる。

たとえば、QRコードなどを読み取ると、その食品がどのような環境で育てられ、どのような肥料を使ったのか、作付け日や収穫日、その後の流通経路などがわかる仕組みをつくることができる。IoTとブロックチェーンの活用によって、情報収集に人手をかけたり取引状況を入力で入力したりしなくても、必要な情報を可視化できるようになる。

食品を販売する側にしても、トレーサビリティの確保に必要な労力が大きく軽減されることになるだろう。

農作物のトレーサビリティだけでなく、農作物の取引そのものにブロックチェーンを使うことも可能だ。ここにはスマートコントラクトが活用できる。農作物の価格は天候などに影響されて大きく変動する。海外から安価な農作物が輸入される一方で、国内産のこだわりの農作物などは高くなる。

そういう状況では、農業を熱心にやっている人ほど従来の流通チャネルに頼るのではなく、ネットを介して直接消費者や消費地とつながるなどして、より有利な条件で取引をしていこうと動く。極めて自然なことだ。

だが、市場での取引には難しい面もある。価格変動に販売価格が必ずしも追従できているわけではないからだ。農家としては、特にこだわりの作物であればむやみに安売りなどはしたくない。しかも、農家はいつも取引だけをしていられるわけではない。質の高い農作物をつくることこそが本来の仕事だ。

しかし、もし市場の取引価格をリアルタイムに反映した価格で販売でき、かつある条件になったら自動的に販売され、支払いも自動的に行われ、さらに諸条件も反映された形であったとしたら、どうだろうか。

これはスマートコントラクトを使うのに最適な例だ。実際、このような取引を目指したプラットフォームも登場してきている。たとえば、オーストラリアのあるスタートアップ企業は、「アグリデジタル（AgriDigital）」というブロックチェーンに対応したプラットフォームを提供している。これを利用すると、農家と買い手を結びつけて、管理者が流通だけでなく契約、決済といったペーパーワークまでを含めた一切のプロセスを運用することができる。

現在このプラットフォーム上では、入札プロセスを運用してくれて、取引成立とともに契約書が自動的に作成され、請求書の発行まで自動的に行われる。

このようなシステムが進化すれば、ブロックチェーン上のさまざまな情報を活用して売り手と買い手双方が合意する価格を瞬時に形成し、そのタイミングで自動的に取引が実行され、必要なペーパーワークまで自動処理されることになる。これは農家にとっても大きな意味があるだろうし、買い手も自分たちが納得する価格で買うことができる。

さらに、農作物に関する履歴とともに商取引の履歴がトラックできれば、質の高い作物をいつも適正に販売している農家はより有利な条件で銀行の融資を受けられ、場合によってはブロックチェーンを介した投資を受けることが可能になるかもしれない。

農業とブロックチェーン、ＩｏＴの組み合わせは、新たなビジネスチャンスを生み出す余地が非常に大きいといえる。

医療・ヘルスケア・福祉

医療分野においてもブロックチェーンに対する期待は大きい。というのも、治療、投薬やその他の患者の記録を病院やクリニック、薬局、福祉関係の諸機関などで共有する、あるいは医薬品や医療機器などの製造、購買、保守などを管理する、スタッフの資格情報を管理するなど、使える分野は山ほどある。

患者の側でも、分散化した仕組みをいかして、どこか特定の医療機関に自分の情報が囲い込まれることを避け、自分自身にコントロールを移すことができるかもしれない。

たとえば、地域医療などを考えると、患者の医療情報を共有することは重要だ。現在もさまざまな地域で医療連携の取り組みが進んでいるが、そこでは医療機関同士での患者の情報共有が問題になる。

最近では電子カルテを使用して医療情報を入力する病院やクリニックも増えてきている

が、それらの情報がそれぞれの医療機関の中で閉じてしまっていれば、患者がクリニックから大病院に行く、あるいは理由があって転院するなどの場合に伝える手間がかかる。

また、昨今の日本では高齢化が急速に進むことにともない、介護施設や訪問看護ステーションなどと病院、薬局などの医療施設が適切な情報共有をしていく必要がある。

情報が個別の機関だけで管理されている状態では、持ち出すだけでも手続きなどの手間がかかるし、必要な情報のすべてが共有できるとも限らない。さらに、問診などで患者自身に確認しても、自身ですべての情報を覚えている、理解しているとは限らない。それが高齢化にともなう認知症でもあると、さらに困難は増す。

もちろん、日本の地域医療も手をこまねいているわけではない。場所によっては、参加医療施設からの情報をデータセンターに集約し、そのデータセンターに対して他の医療施設が参照をかけることで、必要なタイミングで随時確認できる仕組みを構築しているところもある。ただし、異なるシステムからの情報を集約するのに手間がかかること、ネットワークの問題、患者個人のプライバシーなどの観点から、同意を得られなかった患者の情報は共有できないという問題もある。

ブロックチェーンを用いたからといって、これらの問題が自動的に解決するわけではないが、より患者自身が自身の医療情報を管理、所有できるようになるかもしれない。

現状、医療情報は患者のものであって患者のものではないという側面もある。私自身もそうだが、自分のカルテにいったい何が記載されているのか、見たことのある人は少ないだろう。もちろん、医療の専門知識がなければ中身を見てもあまり意味はないのかもしれないが、大事なのはそれらの記録が必要なときに必要な人に伝えられることだろう。

ブロックチェーンに基づいた医療記録が実現すれば、それも可能になる。ブロックには記録を閲覧した医師の名前とその時刻、あるいはカルテに追記をした医師の名前と時間など、その患者に関する医療行為の記録が次々に書き加えられていく。

この中には、年一回の定期健康診断の記録なども加えられる。これらの記録を医師や検査技師などだけで共有するのではなく、医療保険の支払いのプロセスに取り入れることで、支払い業務を簡素化することなども考えられる。ここでもスマートコントラクトの仕組みを用いて、ある条件がそろったときに自動的に支払いが行われるということも可能だ。記録はブロックチェーンで検証されるため、信用できるものだということは担保される。

大前提として、ブロックチェーンのメリットをフルにいかすには、そもそもデータがデジタル化されている必要がある。しかし、実際には電子カルテ化されている割合は現在でも50%程度しかない（厚生労働省『医療施設調査』平成26年版）。

こうしたアナログな部分が解消される必要があることはもちろん、電子化されている場合でも、データのフォーマットが異なるため手間がかかるという現実がある。ポイントとなるのは、前述したようにこれらの情報を患者自身が管理できるようになることだ。

別の用途として考えられているのが医療従事者の資格管理だ。医師だけでなく、どの医療従事者も進化する医療技術をフォローする必要があるし、技量維持が必要な場合もある。また、積んできた経験を正確に記録していくことも重要だ。患者の立場からしても、自分にかかわってくれている医師や看護師、技師の記録が正確であることは安心感につながる。そうした情報がブロックチェーン上にあれば、改ざんの余地がない記録を必要に応じて確認できる。

医療従事者側にしても、たとえば経験によって認定があるようなものであれば、スマートコントラクトの仕組みを使うことで自動的に受験資格が与えられるなど、進歩の仕組みを組み込んでいける可能性がある。

先ほどの支払いに関するものもそうだが、スマートコントラクトを上手に使えば現状の事務作業を大幅に削減できるだけでなく、人為的なミスを防ぐこともできる。

不動産

不動産の取引におけるブロックチェーンの活用も有望な領域のひとつだ。実際、不動産の分野でもＡＩやＶＲをはじめとするさまざまなＩＴツールが取り入れられ始めており、「不動産テック」と呼ばれるほどの活況を呈している。その中でも、ブロックチェーンの導入は不動産テックの重要な要素となり得る。

さまざまな活用方法が考えられるが、まずは土地や建物の取引に用いることが可能だ。さらには土地の権利など、不動産の管理にも活用が考えられる。現在、日本の土地取引において、大きな問題が発生していることをご存じの方も多いだろう。少子化にともない、土地を相続する子供が少なくなっているばかりでなく、土地の所有者が死去した際に登記情報を更新することは義務ではないため、誰がその土地の所有者なのかわからなくなってしまっている土地が多いのだ。日本には一元的な土地の登記システムがあるが、記録そのものが不正確になっていては意味がない。

これからも、特に利用価値のない土地は放置されていくことになるだろう。うかつに相続すると売るに売れないどころか、ただでも引き取り手のない状況になる。

土地の登記が正確にできていないことで、公共事業が遅れたり、権利者を探し出すだけで相当な手間とコストをかけたりしている。このような状況では、ブロックチェーンを活用した仕組みを取り入れていくことを真剣に検討すべきだろう。公証役場や登記所などをもっと簡素化していくことができれば、財政削減にもつながる。この点については、公共サービスの項であらためて述べたい。

土地の権利だけではなく、不動産取引そのものの記録にも使うことができる。特に中古物件などでは、本来であれば修繕の履歴なども重要になる。日本においては、そもそも新築が主体で欧米のように中古物件の取引は相対的に盛んではなかった。

しかし、ある物件に対してブロックチェーン上で不動産取引の情報や修繕情報などを一括して管理すれば、取引に必要とされる情報を履歴も含めてワンストップで確認できる。そのため、問題を含んだ物件でないことが高い信頼性で確認できるため、現状より安全な取引ができる。

不動産取引そのものにもブロックチェーンは活用できる。一度でも家を買うなどで不動産の取引をしたことのある人であれば、契約のプロセスが煩雑で、取引に必要な「紙」の契約書が非常に多いことはわかるだろう。

司法書士など士業の人の手も借りなければならないし、キャッシュで買うのでなければ銀行から融資を受けるのにまた煩雑な手続きが必要になる。日本で家を買おうとすると腕が疲れるくらい、イヤというほど印鑑をつくことになるなど、やることは非常に多い。

この紙のプロセスが残っている限り、ブロックチェーンによるスマートコントラクトの活用は難しい。しかし、できるところから自動化することで、契約そのもの、不動産取引、資金決済などがかなりスムーズになる可能性はある。

たとえば、一定の書類がそろって承認がされたら自動的に次の手順に進むなどの仕組みをつくれば、人手をわずらわせる必要がなくなる。つまり、事務作業にかかる手間を大幅に削減できるし、人が手でやることによるミスの機会も大きく減ることになる。

さらには、不動産投資の分野でもブロックチェーンの活用が始まっている。その代表的な例が「ブリックブロック（BrickBlock）」と呼ばれるものだ。これはブロックチェーン上に構築された取引のためのプラットフォームで、不動産などの実際に存在している資産を可視化（トークン化）して管理する。

昨今進んでいる不動産投資の小口化にも対応しており、ブリックブロックのプラットフォームを使うことで不動産取引が自動化される。それによって、従来であれば決済や仲介で発生する取引手数料を大幅に削減し、小口の不動産取引をよりメリットにあるものにできる。従来は必要悪だった時間やコストを、大幅に削減できる可能性がある。

公共サービス

公共サービスとは、国や地方自治体などの政府から直接、または民間セクターを通じて提供されるサービス全般を指す。通常のサービスは受益者負担が原則だが、公共サービスの場合は警察や消防、生活保護、失業保険など、社会厚生の側面を持つものもある。これらのサービスは住民、あるいは国民にあまねく提供される必要があり、財源は税金だ。

ここでは提供されるサービスについてだけでなく、その財源となる税金などもあわせて考えていきたい。

さて、私たちが公的機関に一番頼るサービスの代表は「証明」だ。不動産の項で話のあった登記簿もそうだし、会社の登記などでもお世話になる。公正証書の作成には公証役場での証明が必要だ。もっと身近なものとして実印を使用する際の印鑑証明や、運転免許証、マイナンバーカード、パスポートもそうだ。国や地方公共団体などの公共機関は、発行元として真正であるかどうかの証明を担っている。なぜ、これらの真正性を公共機関が証明しているのかといえば、私たちが公共機関を信用しているからに他ならない。しかし、そのことが証明書の偽造や改ざんが起きないことを担保するわけではない。

現在の証明の制度は紙、ないしはそれらに準じるものに基づいている。そして、目の前にある「紙とそこに書かれている内容」が真正であることを、その紙に押されている印やサインが証明することになっている。だから、これらが精巧に偽造されてしまえば、私たちにはなす術がない。

2017年の夏、ある大手住宅メーカーが「地面師」に63億円をだまし取られる事件があった。本来の所有者が知らないうちに、本人確認をするための印鑑証明やパスポートが偽造されていた。

もちろん、この手の事件は証明書の偽造だけが問題なのではないが、その点だけに絞っても、こうした証明書がブロックチェーンによって本来の土地登記簿の履歴とひもづけられ、見た目ではなく仕組みとして真正であることが証明されていたらどうだろう。

従来の証明の方法では、「なりすまし」を回避することは難しい。ウェブなどではSSLなどもなりすまし回避には使用できるが、今後ネットでさらに多くの経済活動が完結することを考えると、ブロックチェーンは効果的なソリューションだ。

人間の目で確認する印章やサインも含めて、見た目は偽造可能だが、改ざんが困難な履歴の偽造は難しい。公的かどうかを問わず、組織に頼らずに仕組みに頼るほうが証明書としてより安全だといえる。

政治・行政

最近では「電子政府」という言葉が話題にのぼることがある。たとえばエストニアだ。「e-Estonia」というキャッチフレーズのもと、エストニアは以前から電子立国化を進めており、会社登記などをはじめとする各種行政サービス、教育、医療、警察、あるいは選挙などでも電子化が進んでいる。

日本にいても電子居住権がとれる「e-Residence」も話題になった。まだまだ行政プロセスのどこかに「紙」が必要な日本とは違い、高度に電子化が進んだエストニアではブロックチェーンとも相性がいいはずだ。

前項の公共サービスでは、パスポートをはじめとする証明書の真正性にブロックチェーンが有効だと説明した。それ以外のいわゆる政府の業務に関して、ブロックチェーンはどのように活用できるだろうか。

まず行政につきものなのは書類である。本来、公文書がきちんと保管されていることはもちろん、その真正性についても担保されていなければならない。ところが日本で公文書にまつわる事件が最近立て続けに起きた。いわゆる「モリカケ問題」や自衛隊の日報問題だ。ないはずの文書がしばらくするとどこかから現れたり、文書の廃棄を命じたりする役人がいる。ポイントは、公文書が恣意的に廃棄されたり、一部削除されたり、改ざんされたりする可能性があるということだ。

私たちは、役所に対していいたいことはあれこれあるが、基本的に悪い人はおらず、みんな真面目に仕事をしていると思っている。実際、ほとんどの人は信用のおける人なのだろうが、ときおり前述のような事件が起きる（意図的でない紛失などの事故はもっとあるかもしれないが)。

そして、ここではそれが意図的であるかどうかは問わない。問題なのは、文書があるべき姿であるべきところにないことだ。

いまだに文書を紙で管理することを強いられることは多いが、現在の仕組みのままの場合、紙のほうが電子より信用されるのはたしかだ。電子のものはコピーも削除も簡単にできる。もちろん書き換えも簡単にできる。たとえ電子的な記録でも、それが中央集権的に管理されていれば改変のしやすさは紙の場合と変わりがないのだ。

日本の役所の信用に頼るのではなく、仕組みによる信用を導入したいのであれば、ブロックチェーンの使用が威力を発揮する。第1章で説明したとおり、ブロックチェーンに記述されるのは文書そのものではない。その文書に関する時間が記述されたタイムスタンプやハッシュ値と呼ばれる数値である。改ざんされたり、似ているがそもそも違う文書だったりすれば、ハッシュ値が違うので本物でないことがわかる。内容にかかわらず、存在そのものだけを証明できるのだ。

ブロックチェーンでその文書が存在していたことを証明できるので、政治家だろうと役人だろうとウソをつくことができなくなる。何か問題が起きたときに、文書の存在そのものが問題にならなくなるのだ。

情報開示についても、たとえばスマートコントラクトなどの仕組みを埋め込んでおけば、あらかじめ決めてある条件にしたがって自動的に開示されることになる。公開する、しないということ自体が問題にならなくなるだろう。

もうひとつ政治にかかわることといえば「選挙」だ。いうまでもなく選挙は民主国家の根幹であり、だからこそ選挙制度の未成熟な国では不正が蔓延し、海外から選挙監視団が派遣されることになる。衆参院の国政選挙に加え、都道府県知事選挙、都道府県議員選挙、区市町村長選挙に区市町村議会選挙など少なくとも2年に一度くらい行われ、そのたびに大きな費用が必要になる。

たとえば、衆議院選挙では一回につき600億円程度の費用がかかる。ちなみに、訪日外国人客増を狙う観光関連の施策についている予算が247億円だ。一回の選挙に、このような重要施策の2倍以上の費用がかかっていることになる。

費用の大部分が選挙関連の事務費だ。全国津々浦々に投票所を設置し、人を配置し、投票用紙を作成し、有権者が鉛筆で候補者の名前を書いたら、今度は開票所でこれまた大勢の人が開票作業をする。とにかく人手がかかるのだ（過去には、荒天のために離島の開票箱が回収できなかったこともあった）。

また、これから高齢者人口が増えていくと、投票に行きたくても行けない人も増えてくる。特に地方では、投票所までの距離が遠いということもあるだろう。使い勝手のいい電子投票の仕組みが求められるが、その一方で、本人確認の問題やデータ改ざん、二重投票などの余地があることもたしかだ。これからは在外邦人の投票についてもハードルを下げるよう対応すべきだが、こうした事情をクリアすることが難しく実現できていなかった。

電子投票のひとつのやり方としては、「トークン」を使う方法がある。現在は、投票日の前に投票所入場整理券が自宅に郵送されるが、たとえば個人の選挙用の「ウォレット」(ウェブ上の保管場所）に届くようにするのだ。当面の間は、このような環境が実現できない人に配慮して現在の紙ベースのやり方を併用する必要があるだろう。

有権者はこのトークンを立候補者のウォレットに送るというやり方で投票できる。トークンは一回しか使えないようにする。トークンの発行から投票までの流れはブロックチェーンに書き込まれるので、改ざんのリスクはほぼない。自分の票が目的の候補者にちゃんと届いているかどうかを確認することもできる。

もうひとつ、選挙において重要視されるのが匿名性の確保だ。誰が誰に投票したのかがわかっては困る。これはリング署名というやり方を使うことで、有権者であることを証明しつつ、誰が誰に投票したのかをわからなくできる。リング署名を簡単に説明すると、いくつもの公開鍵を束ねることで、誰が署名したのかをわからなくする仕組みだ。

日本では選挙における不正はそれほどないのかもしれないが、不正ができない強固な仕組みをつくっておくことは非常に重要になる。

また、投票所に行かなくても選挙権を行使できることで、投票率の改善につながる可能性もある。ご存じのように、投票率は各党の当落を大きく左右する。これまで投票率が低いとされている若者が投票することで、国会の様子が少し変わるかもしれない。それによって、幅広い年齢層にアピールする政策が出てくる可能性もある。

コストの削減も大きな要素だ。前述した国政選挙の600億円をどこまで削減できるのかという試算はないが、大きなコスト削減が期待できるはずだ。選挙のやり方が変わることで、たとえば選挙のポスターや政見放送も変わるかもしれない。

ブロックチェーンを活用した投票改革は、単なる効率化だけではない変化を生み出す可能性を秘めている。

著作物

著作物や書籍などの文書、図やアート作品、音楽など、著作権が絡むものの管理にブロックチェーンが使えるのではないかと期待されている。たとえば音楽については、作詞家や作曲家、編曲者、それに実際に演奏するアーティストたち自身が、自分たちに本来の意味での所有権を取り戻すことができる。また、実際の演奏に対して正確かつ公平に報酬を得られる仕組みがブロックチェーンによって実現できるだろう。

音楽業界の問題として、それを生み出した著作者の裁量があまりないことが問題とされたり、アーティストに対する対価そのものが少なかったりする。

今のところ、楽曲の著作権は著作権管理団体が使用料も含めた管理をしている。著作権管理団体に信託しなければ著作者の自由度は増すが、一方で楽曲の利用に対する許諾から利用料の徴収まで、自らが管理しなくてはならない。

現状の著作権管理団体については問題もいろいろ取り沙汰されてはいるが、一方でアーティストにもメリットがあるからこそこの仕組みが存続しているともいえる。使う側も個別に交渉しなくてはならないのでは面倒だ。

現在の音楽の流通ルートは配信やストリーミングなどが加わり多様化している。インディーズなどでやっていく場合はともかく、メジャーな存在になるには仲介してくれる会社を通さないことは難しい。

ここでポイントになるのは、明確な楽曲利用のルールに基づいて、正確かつ公平に使用料がアーティストや権利者に届くかということだ。現状では、どの曲がどこでどれくらい使われたのかを正確に把握することは難しい。

音楽の利用状況がブロックチェーンに自動的に記録されていくようにすることで、この不明確な状況が改善されることは考えられる。もちろん、ブロックチェーンで記録されるためにはデジタル情報である必要はある。

たとえば、ライブハウスなどでライブ演奏をしたときなどには現在でも個別に記録することはできないが、著作権管理団体は店舗から料金を徴収している。

そのような記録がブロックチェーンに残ることで、著作権使用料がどんぶり勘定的になって、きちんと支払われないことなどがなくなる。

利用申請なども、スマートコントラクトを活用してシンプルにすることが可能だ。利用実績や販売実績に基づいて、正確に自動的に分配されるようになる。また、たとえば「ある条件のときには使用料を徴収しない」などのルールを著作権者が設定すれば、自動的に使用料を徴収しなくすることも可能だろう。要するに、著作権者の裁量も十分に尊重されながら、契約がしやすくなり、また利用料もフェアに支払われるようになる。

ブロックチェーンを活用した、まったく新しい音楽配信のためのサービスも登場するだろう。実際、すでに「ピアートラックス」「ビットチューンズ」「ウジョ・ミュージック」などの仮想通貨を使ったプラットフォーム、あるいはロイヤルティ管理のプラットフォームも登場してきている。

このような仕組みが普及することで、従来の管理団体や配信システムが影響を受けて、音楽の権利をめぐる世界はよりアーティストフレンドリーに変わっていくだろう。アーティストがより恵まれた状況で音楽づくりができる環境にいることは、リスナー、観客側にとってもよいことだろう。

教育

教育もブロックチェーンの導入の効果が期待される世界だ。

テクノロジーの導入が比較的遅いと考えられている公教育でも、iPadの活用やAIを活用したロボットの導入、スタディサプリのような民間の教育支援アプリなどの活用が当たり前になってきている。このようなソフトウエアやサービスが連携していくことで、個人の記録がデジタルで記録される時代になってきている。

それまでに個人が学んできたことがデジタルになり、日常の何気ないことまで記録されるような環境になると、勉強の向き不向き、出来不出来が明確になる。やりたい将来に向けて、個人がどのようなルートで何を学んでいけばいいのか、AIからアドバイスを受けることも可能になる。

教育はいわゆる学校教育だけではない。社会人になってからも学び続けることは当たり前になってきている。MOOC（大学などが公開しているオンライン講義）などで、海外の高度な授業を視聴することも可能だ。もっとカジュアルなスタイルでは、「スクー（Schoo）」などのサービスをはじめとした、さまざまなスタイルのオンライン授業がある。昨今はプログラミングの重要性が認知され始めているが、こうしたオンラインの学校でプログラミングを学んでいる人も多いのではないだろうか。

そこで重要になってくるのが記録だ。学生時代も中学校から高校、さらに大学へ進む際には内申書などで次の学校に記録がわたっていくが、このプロセスも教職員にとって大きな負担だ。

たとえば、筆者がある大学の社会人博士課程に入学しようとしたとき（結局はタイミングが合わず見送ることになったが）、大学院修士課程の修了証明や公式のトランスクリプト（成績証明書）が必要になった。ところが、筆者はアメリカの大学と大学院を卒業していたので、ネットで依頼はできたものの郵送されてくるまでに思いのほか時間がかかり、それも入学を見送る原因のひとつになった。

考えてみれば、自分の卒業記録なのに手元にある古いコピーでは証明できないというのも理不尽な話だ。さらに、異なる場所で学んだものはそれぞれの場所で情報が管理されており、そこでそのカリキュラムを学んだことを証明してもらおうとすれば、それぞれに依頼する必要がある。

もし、過去の学校の活動にさかのぼって学習履歴を証明してくれるブロックチェーンがあったらどうだろう。自分個人の履歴は常に自分が持っていることになるし、特定の機関に縛られずにポータブルなので、社会人になっても便利な履歴書のベースになる。

そこまで大きなスケールでなくても、このようなブロックチェーンの活用についてはすでに取り組みが進みつつある。２０１７年、ソニー・グローバルエデュケーションはブロックチェーンを使った小中学生の学習記録を管理する実証実験を行うと発表した。このシステムでは、教員がブロックチェーンに記録をしていくため、生徒の記録を個別に管理する必要がなくなるし、教員同士での情報共有も容易になる。もちろん、成績だけでなく他の活動も記録できる。さらに、従来のシステムのように導入費用もかからない。同社ではすでに、試験活用的にデジタル成績証明書を管理、確認できるサービスも公開している。

このような仕組みがより幅広い学校や教育機関などに広がっていけば、個人はもとより、教育機関も本来の教育そのものにより力を注ぐことができるようになるだろう。

製品の製造と保守

ブロックチェーンの活用で、製品の製造と保守の分野でも工程全体の効率化を図ることができる。まず製造工程においてだが、昨今は単に製品の品質が高いというだけでは十分でなくなってきている。製品だけでなく、その部品の製造工程やそこに使われている材料を含めた全体が、出自も含めてたしかなものである必要がある。

最近はＩｏＴが普及してきたことで、リアルタイムでその部品や材料に関する情報や履歴を確認することも技術的には可能だ。

航空機の保守のところでも触れたが、航空機以外でも製品寿命の長い機械の場合には、必要に応じて修理しながら使うことは珍しくない。一部の部品が故障したのであれば、その部品だけを交換して使い続けることになる。また、同じ業者が保守をしていれば一カ所に記録が残るが、寿命の長い製品は遠く離れた別の所有者の手に移動することもある。そのような場合、重要になってくるのが保守の記録だ。ブロックチェーンの技術を活用することで、どこでどのような保守がなされたのか、どんな故障があったのかということも正確に知ることができる。

最近では、AIとIoTの活用で機械が自動的に自らを構成する部品の不具合を発見し、自動的に交換部品の発注をすることが当たり前になる未来も語られている。そのような仕組みも、スマートコントラクトで受発注行為やその記録を自動的に行うようにすれば、人間の手をわずらわすことなくブロックチェーン上に履歴が残る。その製品のライフサイクル全体を見守るブロックチェーンがあるということだ。

残すべき記録のボリュームは膨大になり、またそれらは共有されてこそ意味を持つ。管理工数の削減や手続きの自動化ができ、それらが正確な記録であることを特定の第三者に依存することなく証明できるブロックチェーンは、有効な道具だといえるだろう。

小売業

小売業におけるブロックチェーンの活用は、前述した製品の保守での場合と同じように、スマートコントラクトを使って手続きを容易にすることなどが考えられる。対象が一般消費者であることを除けば、他の分野のスマートコントラクトに通じるものがある。

たとえばIBMのADEPTという実証実験プロジェクトでは、家庭用の洗濯機に

ＩｏＴ機器を搭載し、洗剤の残量低下を検知したら自動的に洗剤を発注するというものがある。

この注文と記録にブロックチェーンを介在させることで、一定のルールにしたがった自動発注が記録され、その正当性を確認することもできる。ポイントは、売買の契約行為から支払いまでが自動で行われるということだ。人の手を介さずに不正な受発注を防ぐための契約や手続き、さらには支払いまでが自動化されるところに大きな意味がある。

このような仕組みはアマゾンやメルカリなど、ネット上の取引市場でも応用ができる。そのため、個人間取引でも第三者の介在をなくして、支払いと商品の発送をひとつのコントラクトとして設定することで、まるで自動販売機のように商売を実行することができる。その相手が本当に信用できるのかどうかを気にする必要もない。

小売業ですでにブロックチェーンを活用している例としては、２０１６年、米小売大手のウォルマートがＩＢＭと提携して作成した、リコールされた食品を商品リスト上で検出し削除するためのシステムがある。さらに、ブロックチェーンに基づいた「スマートパッケージシステム」についての特許を取得している。このシステムでは商品のパッケージ、位置、環境条件などを追跡できるとしているが、まだ特許の状態であり、これから実際の開発が進んでいくものと思われる。

もちろん、商品のトレーサビリティは小売業にとっても大きな問題だ。この点は農業の項でも触れたので詳細には踏み込まないが、農産物、畜産物、海産物、工業製品、衣料製品などの種類にかかわらず、生産者と小売業者、そして消費者にとって商品の由来をしっかり確認できることはこれから非常に重要になってくる。

これから必須になるトレーサビリティを安価に実現していくには、ブロックチェーンの活用がより積極的に考えられる。中央に管理する組織や仕組みがなくても、また第三者的に認証する機関がなくても信頼性が保てるということは、これらを管理するだけの団体を設立しなくてもいい（つまりコストもかからない）ことを意味する。

小売にかかわるさまざまな部分から、少しずつブロックチェーンが使われ始めたとしても不思議ではないだろう。

エネルギー

エネルギー業界のブロックチェーン活用については、現在はまだ模索状態というのが現実のようだ。エネルギーといってもさまざまな業務があり、どこに使いたいのかで活用方法も変わってくる。実際、すでにエネルギーの領域に適用できる場面は100以上特定されており、請求プロセスや自動化など他のビジネス領域と重なるものも多い。

ブロックチェーンの応用可能性がイメージしやすいのは、電力の需要家の間でP2P（直接通信）取引ができるようにするための「電力プラットフォーム」だ。このようなプラットフォームは世界各地に存在し、アメリカやヨーロッパを中心にアジア、特にシンガポールにも複数のプラットフォームがある。日本の電力取引プラットフォームとしては「みんな電力」や「デジタルグリッド」などがある。

この他の活用例としては、再生エネルギー発電所の資金調達や記録の保存などがあるようだが、概念が先行している状態で、実際に私たちが身近に使用できる、あるいは間接的にでもかかわっている実用例はあまりない。

その中でも、もっとも取り組みが進んでいるのが前述の電力取引のプラットフォームだ。

ただ、これがより活用されていくには、現在一般的な中央集権型の取引から分散型の相対取引になることが必要だ。日本でも電力会社以外が電気を売ったり、自分の地域の電力会社以外から電気を買うことができるようになったり、太陽光発電システムからの電気を買い取ったりするなどの動きはあるものの、まだ従来型での電力供給が一般的だろう。

日本の2030年における太陽光発電の導入は日本全体の発電量の7％、風力発電で1・7％を賄うことが目標と控えめだ。その一方で、デンマークでは2016年時点で太陽光と風力を合わせた再生可能エネルギーによる発電量が全発電量の50％以上、アイルランドやポルトガル、スペイン、ドイツでも20％を超えている。そう考えると、日本の取引市場はまだまだ小さいことになる。

今後分散型の発電システムが普及してくれば、ブロックチェーンを活用した取引プラットフォームはそのメリットを感じることが増えてくる。管理者なしにさまざまなタイプの参加者を取引に巻き込むことが可能だし、ブロックチェーンという信用について気にする必要がない仕組みのおかげで、相手の素性がわからなくても安心な取引ができる。

従来の電力網は電力網として存在し、それとは別に各地域でエネルギー網を構築することも可能になるだろう。少なくとも現在の電力消費量を考えると、従来からある火力発電や原子力発電などが世界のあらゆる場所で発電の中心であり続けるのはたしかだ。

当面の間はそうだとしても、これらの発電源には多大なコストと技術力が求められ、それゆえに大きな電力会社によって電力の安定供給を担うべく運用されてきた。

電力源がこれらだけであれば、電力プラットフォームの役割は小さいままだろう。電力プラットフォームが活況を呈すようになるとすれば、電源やその事業者が多様化することが求められるだろう。P2Pが活況を呈す状態は普通に考えれば管理コストが高いものになるが、そこにこそブロックチェーンは有効な手段だからだ。

金融

ビットコインをはじめとする仮想通貨の取引も、前述した保険なども大きくとらえれば金融の一分野だといえる。

最近ではあらゆるものが証券化される傾向にあり、証券もブロックチェーン活用の一例として考えられている。前項のエネルギーでも、再生可能エネルギーが証券化されトークンとして流通すれば、金融の取引にブロックチェーンが活用できるかもしれない。株券に限らず、証券化できるものをトークンに置き換えることで、高いコストがかからず安全に管理と取引を実現できるだろう。そもそも、日本取引所グループがブロックチェーンを活用しやすくするための取り組みをサポートすると2017年に発表している。

送金もブロックチェーンの活用が期待される分野だ。「はじめに」でも述べたが、三菱UFJ銀行もブロックチェーンの活用に取り組んでいるが、従来の金融機関が取り組む意義は大きい。現在の送金はコストも時間もかかる。国内の送金であれば翌日には着金するとはいえ、現在は物理的なものですら場所によっては当日配送できる時代だ。送金コストもネットバンキングの普及でだいぶ安くなってきたとはいえ、件数が多いと案外かさんでしまう。海外送金に至っては数千円の送金手数料をとられる。SWIFT（国際決済ネットワーク）を使って複数の銀行を経由するためだ。

ブロックチェーンを使うことで、このようなデメリットがなくなることが期待される。今後も国際間での取引は増えることこそあれ減ることはない。コスト削減の観点からするとユーザーには大きなメリットがあるし、金融機関も仮想通貨のリップルなどを活用して自社の送金ネットワークを使ってもらうことで、ユーザーとのつながりを保てる。

仮想通貨そのものが現在の法定通貨の代わりになるかどうかは、その安定性や政府の規制などのさまざまな要因があるため不確定な点もあるが、ブロックチェーンという技術が送金のための技術として使われることは十分に現実的だ。

それが仮想通貨か法定通貨かどうかはともかく、事業を進めていくうえで今後もお金が必要なことに変わりはない。そこで貸付が必要になる。現在は金融機関がお金を借りたい個人や会社を審査して貸せる金額を決める。いわゆる与信業務だ。

本来、貸せるか貸せないかは事業の中身を吟味し、将来性や社長自身について調べたうえで決められるべきだが、実際には担保の有無や社長の連帯保証などが重要になる。しかし、その会社や社長個人の状況から与信を自動的に行うことができれば、本来の意味の与信ができる。スマートコントラクトと組み合わせれば、貸付まで自動化することが可能だ。

クラウドファンディングなどもあり、現在は資金調達の方法が多様化しつつある。筆者がかかわる製造業の世界でも、ちょっとした製品開発にクラウドファンディングを使うことが特別ではなくなってきている。これまでの日本では、直接金融を行うことができるのは大きな組織に限られていたが、現在は個人でも資金調達が可能になっている。

かつて、マイクロソフト創業者のビル・ゲイツ氏が「銀行機能は必要だが、今ある銀行は必要なくなる」といったそうだ。世界を見ればマイクロファイナンスなどの小口融資も普通になってきているし、日本では人口減少もあり、さらには歴史的低金利で経営が苦しくなってきている銀行も増えている。銀行の変革にブロックチェーンは大きな影響を与えるだろう。

第4章

人生100年時代、個人の働き方にどう影響を与えるか

ブロックチェーンとはどのようなものなのか、どんな仕組みで、各産業分野においてどのように応用できる可能性があるのかということについては、第3章までにおおよそ述べてきた。そこで本章からは、ブロックチェーンがもたらす未来はどのようなものなのか、少し発想を飛躍させて考えていきたい。

ただ、本書の冒頭に述べたように、AIと違ってすでに技術が実装されたサービスがさまざまな分野に存在しているわけではない。これからどうやって使っていくべきかを模索している業界もある。

ただし、ブロックチェーンの基本的な考え方がわかっていれば、その技術が実装されたサービスやソフトウエアが登場したときに、どのような未来が私たちにやってくるのかをより容易に想像できるはずだ。

仕組みそのものに変化をもたらす

第3章では、さまざまな産業分野でブロックチェーンがどのような影響を及ぼすのかを考察した。基本的にはどの産業分野でも何らかの影響があることが見て取れるが、どの分野で共通するポイントがある。それは、何か特定の職種を代替するなどの、局所的な変化をもたらすものではないということだ。つまり、仕組みそのものに変化をもたらす。

また、AIなどのように、たとえば人が持つ能力と直接争うものでもない。ブロックチェーン自体は囲碁や将棋、自動運転とは関係がないし、小説を書いたりもしない。どのようなビジネスの分野にも存在する「取引」にかかわるものだ。

だから、あえていえば何かを右から左に動かすとか、人を手配するといった分野、原産地と消費者の間をつなぐ仕組みの中で仕事をしている人や会社には影響がある。

ただ、それは別にそのような役割が必要なくなるわけではない。

オーガナイザーが力をもった時代の終焉

世の中がシンプルだったころは、「つくる人」と「使う人」は比較的単純なつながりしか持っていなかった。ところが、取引が複雑になるにつれて、そこに商売だけを生業とする商人たちが現れ、時代がたつにつれて商人は大きな力を持つようになった。

それだけ、「取引」を支配すると力の源泉になるということだ。ただ、その過程で取引は多重になり、特に付加価値を生み出すこともなく、単に利益を吸い上げるだけの存在も現れてきた。すると、今度は「中抜き」で無駄を省く動きが出てくる。

人と人、会社と会社、あるいは会社と人の間でモノやサービスをやり取りするには必ず取引が必要になるが、それも実は必要悪だともいえる。仮にそこで雇用が生み出されるとしても、取引はできるだけシンプルかつ低コストであるにこしたことはない。

IT化によってさまざまな事務作業が自動化されてきたが、取引そのものの「信用」を担保しながら自動化するソリューションはなかなか登場してこなかった。ブロックチェーンは、ついにそれを実現できるかもしれない技術というわけだ。

折よく、近年のIT化やものづくり技術の民主化によって、個人や小規模な組織でも新しいビジネスを容易に始められるようになった。ビジネスを行ううえで重要なのが「信用」だが、信用を勝ち取ることが小規模ビジネスにとっての一番大きなハードルのひとつだ。モノを売るにせよ、サービスを提供するにせよ、ビジネスのパートナーを募るにせよ、出資を集めるにせよ、融資を受けるにせよ、すべては「信用」がついてまわる。

ところが信用を得るのは一長一短ではいかない。だからこそ老舗や大企業は強いのだ。

そこにSNSが登場してきた。SNSでは個人ベースで積極的に情報発信ができるため、個人でも不特定多数の人に自分はどんな人間か、どういう活動をしているのかをわかってもらうことができる。実際、それが企業であれ個人であれ、商売を行ううえでSNSは無視できないマーケティングやセールスのチャネルになっている。

ただ、発信されている内容が真実なのか、信用できるものなのかを知る術はあまりない。なぜ私たちが信用できる情報を信用しているのかといえば、それが個人であれ企業であれ、その情報の発信者を信用しているからだ。このような背景から考えると、やはり個人や小規模な組織には弱いものがある。

情報の発信者の属性によって信用が担保されるのではなく、情報が発信されている仕組みそのもので信用が担保されるのが理想的だ。

つながり方と個人が持つ力の変化

この30年ほどで、人がつながるための仕組みと社会において個人が持つ力が大きく変化してきている。かつて、大きな社会に対して大きな影響力を及ぼすにはテレビ、新聞、雑誌などをはじめとするマスメディアが重要だった。

また、個人や組織が業務に必要なコネクションをつける相手を探すのも楽ではなかった。その状況が変わり出したのが１９９０年代半ばからだ。インターネットの普及がきっかけである。かつては、個人が情報発信をしてもその情報がリーチする範囲はごく限られていた。全国的に情報を発信しようと思えばマスメディアに頼らざるを得なかったため、コストや労力の関係から個人では難しかった。さらに、大きな組織でも海外にまでその情報を発信するのは楽でなかった。

特に１９９５年のウインドウズ95発売以降、それまでマニアのものだったパソコンが専門店以外でも購入できるようになった。このころのウェブサイトは今から見れば非常に原始的だったし、それほど重い情報や動的な情報を載せることはできなかった。だが、誰でも大手メディアに頼らずに情報を発信することができ、かつ消費者になり得る人たちと直接つながることができるというのは、個人にとって初めてのことだった。

ただ、これだけではまだ個人が大手企業に立ち向かう体力を身につけたことにはならない。個人が商売そのものを始めるにはコストがかかったし、たとえばＩＴ関係で商売をするには専門的な知識が必要だった。

この状況も、この4、5年で大きく変わってきている。たとえば、現在はプログラミングがとてもポピュラーになってきており、自分でプログラミングをできないとしても、できる人をクラウドソーシングなどで調達することは容易だし、外注してもいい。

もっといえば、プログラムを組まなくても、用途によってはクラウド上であらかじめサービスが用意されている。

さらに、どのような商売をやるにしても、いわゆる「本業」だけをやっているわけにはいかない。必ず経理や総務など、バックエンドの事務作業が必要になるが、これがなかなか手間がかかる。しかし、これもクラウドのサービスで実現可能だ。

要するに、従来はビジネスを真剣にやればやるほど本業以外へのコスト、つまり間接コストも肥大していった。これまで成功してきた大手企業ほどこのようなコストがかかって高コスト体質になるのに対して、新しい企業であればより本質へ投資することができる。

もちろん、大きな組織だからこそできること、あるいは大きな組織でないとできないことがあるのもたしかだが、そうでない場合には図体は小さいほうがいい。ビジネスにもよるが、小さい会社と大きな会社の体力差が、かつてないほど小さくなってきたのだ。

契約の変化

インターネットの普及とそこで活動するさまざまなサービスによって、人や組織を見つけることは従来と比較して楽になった。だが、そこでよいパートナー企業や個人が見つかったとしても、それですべてが万々歳というわけではない。

ビジネスには必ず契約がつきものだ。ちょっと秘密裏な話をしようとするだけでも守秘義務契約、さらに単発の仕事でなくて何回も仕事をするとなると基本契約を結んだあとに、都度個別の契約をするなど、仕事のたびに契約がついてまわる。

そして、基本的に契約は「紙」に署名をしたり、日本の場合であれば代表印を捺印したりする。売買契約であれば購入品の詳細を検討したり、あるいは納品物やサービスの内容を細かく決めていったりする。要するに手間のかかるプロセスだ。

人を雇用する場合にも雇用契約を結ぶ。その個人の仕事内容を規定し報酬を決める（日本の場合には欧米のように細かい職務記述書があることは少ないが）。外部との契約の違いは基本的には、その企業に採用されるときに一回だけで毎回ではない。

実はこの「紙」の契約書に基づく契約というプロセスも、その仕組み自体が信用を担保するわけではなく、法的には効力があってもそれが強制力を発動するわけではない。

一般的に個人や小規模の受注者は、契約を結ぶ相手がより大きな組織である場合、立場が弱いため不利な契約を結ぶことになってしまうことも少なくない。

仮に双方納得できる契約を結んだとしても、それで安心できるわけではない。契約書にはお互いに履行すべき義務が書いてあるし、注文書で納期は決まっている。そのとおりの仕事がなされれば、あるいは納品されれば支払いも行われる。現実問題として、世の中の多くのビジネスは特に大きなトラブルを起こすこともなく進んでいく。

ただ、そうでないケースもときどき起こる。ここで弱い立場の側の人が納品したにもかかわらず支払いがきちんとなされなかったり、消費税分の割引をあとから求められたりと、いろいろなトラブルが起きる。

最終的に強制力を発揮するには裁判に訴えることになるが、これも個人や小規模な組織にとっては負担が大きい。本業に多大なる影響を与える可能性があることも考えると、個人や小規模組織にはつらいところだ。

そこで、ブロックチェーンによって大いに期待される仕組みがスマートコントラクトだ。すでに触れてきたが、スマートコントラクトはある条件が満たされたとき自動的にあるアクションが発動されるというものだ。

このスマートコントラクトと紙の契約書の何が違うのかといえば、そこに強制的な執行能力があるかないかということだ。紙の契約書にたとえ代表印が押されていたとしても、一応その記録に同意しましたよ、ということをお互いに記録しただけである。

受注者が無事に仕事を終えたからといって、自動的に支払いが起きるわけではない。発注者が確認して検収をあげ、受注者は締め日までに請求書を発行し、経理部門がそれを処理し、振込作業がなされてはじめて受注者は売上金を受け取ることができる。

特に個人や小規模企業で商売をしている人はわかると思うが、こうした手続きにはけっこう手間がかかる。また、悪意のない事故もときどき起こる。発注者側の担当者が請求書を経理に回すのを忘れたとか、あるいは紛失したということもある。筆者もそのような体験をしたのは一度や二度ではない。そのたびに相手の担当者に確認し、状況を確認する。

手続き的な話だけではないトラブルもある。それは何をもって納品が完了したのか、ということだ。筆者が発注側だったとき、こちらは納品完了という理解ではなかった状況で請求書が送ってこられたことがあった。つまるところ、納品完了の認識についての齟齬があったわけだ。

しかし、スマートコントラクトを使うことで、このようなトラブルが減ることも期待できる。きちんと納品が完了されたとはどういう状態であるのかをコントラクト上に記録し、どのタイミングで支払いが発生するのかを記録すれば、あとは人がやることはない。システムが自動的にプロセスを実行してくれる。

したがって、納品したのに支払いがされないということも起きないし、逆にいい加減な仕事をされたのに支払いをすることもない。お互いに合意したとおりに処理が行われる。

もちろん、相手を信用して仕事をできるにこしたことはないが、商取引においてはあいまいな要素を残さないほうが、裁判の可能性も大きく減る。今後さらに小規模なビジネスが活発になると考えれば、安心できるシステムだといえる。

ブロックチェーンで変わる金銭のやり取り

いかなる商取引でも絶対に発生するのが、仕事や商品の対価である金銭やそれに値するものを取引することだ。ここにブロックチェーンが与える変化は、より直接的なものと間接的なものとがある。

より直接的なものとしては、仮想通貨そのものを取引するようになるということだ。主要な取引所で取引できる通貨を見るだけでも、ビットコインだけでなくイーサリアム、モナコインなど実に数多くの仮想通貨が存在している。これらの仮想通貨を直接的に仕事の対価として使用できるようになれば、銀行を介したり、さらにいえば法定通貨を使ったりすることなく取引ができる。

伝統的な仕組みの一番の問題点は送金コストがかかることだ。複数の金融機関の異なるシステム間でデータのやり取りを大量に行っており、そもそもこのシステム自体の開発と保守に費用がかかっているうえに、取引の整合性の保証をするためにも費用がかかるからだ。

ここで何が起きているのかといえば、金額と金額の送り先が決まったら、送金元の口座から送金額だけの金額と手数料分を口座の残高から取り上げて、それを○△銀行□×支店のだれだれに送る。それが直接だれだれさんの口座がある銀行のその口座にたどり着くまで繰り返されるが、私たちはこの仕組み全体に金を払っていることになる。

ビットコインのようなパブリックなブロックチェーンは、この管理コストをそのまま取り払ってくれることになるので、管理のための多大な仕組みが一気になくなる。取引所も別に管理を任されているわけではないので、送金コストも大きく減る。

デジタルな商品であれば、ものにもよるが即時決済が可能になる。証券の売買や不動産取引などは、所有権の移転とともに自動的に所有者が書き換わり、金銭の授受も起こる。

別の活用法もあるだろう。たとえば、離婚にともなう資産の分割などだ。ひとつのグループが分裂したときに、どのように資産を分割するのかを契約で決めておけば、いざ離婚となったときに契約どおり執行される。日本では、離婚にともなう財産分割の自動執行は現実的ではないかもしれないが、たとえばフランスのように離婚協議書などがあれば、現在裁判所が担っている役割をブロックチェーンが自動的に担うことも考えられる。

組織の中の中抜き、コストの削減、現場の復権

個人であれ企業であれ、品質を維持しながら取引のコストを下げることは重要だ。取引にともなうコストのひとつが、前項の契約執行にともなうコストだ。だが、それ以上に大きなコストが、ものごとを調整するためのコストだ。これが実のところ、大きな負担となることもある。

純粋に個人で活動しているのでなければ、誰もが何かしらの組織とかかわって働いている。その中ではさまざまな人材やモノ、プロセスが動いており、その調整が問題だ。

会社組織の場合には、ピラミッドのような階層構造を使ってこの調整業務を行う。ピラミッドの上のほうにいる人がより多くの調整を行い、下のほうにいる人たちが実質的な仕事を行う。そして、この調整を行っている人たちが高い報酬を受け取り、実質的な仕事をする人たちは相対的に低い報酬を受け取る。ゆえに、高い能力を持った平社員より調整役のマネージャーたちが高い給料を受け取ることになる。

どちらもビジネス全体で考えればコストで、ビジネスのオーナーとしては普通これを下げたいと考えるが、現場仕事を切るわけにはいかない。それはまさに商品であり、サービ

スという売り物そのものだからだ。ここのコストを下手にカットすれば品質に問題が起きたり、値段の割に安物なものや、手抜き品ができて困ったりする可能性がある。

だが、中間管理職たちが行っている「調整」のコストはどうにかすることができる。階層をフラット化することで風通しをよくして、さらにコストを抑えることにもつながる。もちろん、管理職の仕事は調整だけでなく、現場の動機づけなどの役割もある。実際に組織を動かすには、そこに権力も必要になる。

だから、偉い人がいつの間にか調整役をやるという構図になるが、階層構造で組織を運営している限り、この仕組みはついてまわる。

管理職層の仕事は、業務の実行に必要な人、モノ、金などのさまざまなリソースとプロセスの調整を行うことだ。そこにブロックチェーンを取り入れるとどうなるだろうか。

調整はたしかに重要だが、多くの事務仕事と同様、それは最高の製品やサービスを生み出すための必要悪だ。本当にその仕事はそれほどの価値があるのかと考えると、やはり現場にコストをかけたい。

ブロックチェーンとスマートコントラクトを使うことで、必要なリソースとつながって契約を結び、明確な業務内容とそれにともなう報酬を払うことを自動化できる。これにはいくつかのメリットがある。

ひとつは、現場の人間が自分のタスクをどのように仕上げればいいのかが明確にわかるようになり、それを成し遂げれば報酬が確実に与えられるとわかれば、それ自体が現場のモチベーションにつながる。

別のメリットとして、そもそもの目的である調整コストの削減がある。具体的には、本当に必要な調整役としてのコスト以外を削減できるということだ。もはや調整役は偉い人がやるわけでもないので、そこに多大な報酬を払う必要もなくなる。

また、日本についていえば、働き方改革につながる可能性もある。以前からいわれていることだが、欧米の企業では仕事の区分けがハッキリしていて、契約として何をやるべきかが定義されている。日本でもそのような意識改革ができれば、従業員側が報酬につながらない仕事をなんでもかんでもやることは減ってくる可能性がある。本来のタスクによりフォーカスするため、より効率的に仕事ができる。

最近はインディペンデント・コントラクター（IC）、あるいはフリーランスなどの形で仕事を請け負う人たちが日本でも増えてきた。以前は、リストラが増える不景気の際にこうした人たちが増え、好景気になると企業に雇われて減るというサイクルだったが、徐々にＩＣという生き方を志向する人たちが増えてきている。

筆者もそのような働き方をしているが、契約時に何をするべきなのか、あるいは何を納品すべきかは明確である。それを満たせば報酬が得られることは契約や注文書などで明確になっているので、ここにスマートコントラクトが使えるのは述べてきたとおりである。

この項の本題である調整コストについて考えていこう。自分一人で業務が完結する場合には、当たり前だがそもそも調整の手間もコストも存在しない。同じ立場で働いている人と話すと、多くの人がこのメリットを挙げているし、筆者自身もそう感じている。

では、自分だけで業務が完結しない場合にはどうであろうか。業務の内容にもよるが、可能な場合には再委託や外注をすることになる。この場合、自社の社員に頼むように、「○○さん、これお願い」というわけにはいかない。タスクの内容とその報酬を明確にして契約を結ばなくてはならない。当然、それ以外のことは頼めないし、もしどうしても頼むなら別途契約と報酬を定義し直さなくてはならない。

一見面倒にも思えるが、仕事を成功裏に効率よく終わらせるには必要な作業だ。これができれば、業務に直接関係のあるコミュニケーションなどを除いた調整コストは基本的には発生しない。

このような関係にスマートコントラクトが適用できる可能性があるのは、やるべきことが契約でハッキリしているからだ。コストを本来必要なところに振り向けられる。同じような仕組みを社内で使おうと思えば、何らかの契約を結べるように契約内容を明確にする必要がある。

それができた会社はスマートコントラクトにより調整コストを劇的に下げることができる一方で、できない企業は調整コストが高止まりしたままで、よりクリエイティブな仕事ができなくなる。

このような仕組みを社外との関係から社内での作業にまで適用することで、調整コストの削減だけでなく、本当に個人の働き方まで改善できる可能性がある。

変化する組織と個人の関係

前項で述べたように、景気に関係なくインディペンデントに働く人は日本のような環境でも増えてきた。フリーランスで働く人のためのプラットフォームのひとつであるランサーズでは、同社の調査としてフリーランス人口の推移を掲載している。

２０１８年版によれば、日本におけるフリーランス人口は２０１５年の９１３万人から２０１８年の１１１３万人となっている。また、市場規模としても２０１７年の18・５兆円から２０１８年の20・１兆円となっている。

さらに、最近では完全に独立するのではなく、部分的に自立するという選択肢も出てきた。それが副業だ。政府の後押しもあり副業禁止という日本の従来の慣行を見直す機運も出てきている。さらに別の会社などに雇用されるという副業の選択肢もあるが、これを機に特技をいかすなどして自分のビジネスを立ち上げる人も出てきている。

一般に副業などでビジネスを立ち上げる場合には、比較的小規模で個人的にサービスを請け負うことが一般的だろう。たとえば、プログラミングのスキルを持った人がアプリ開発を請け負う、あるいはウェブサイトの制作、記事のライティング、翻訳をするなどだ。いわばパートタイムでフリーランスをしているようなものだ。広義の副業フリーランスの数は７４４万人で、副業ベースの業務委託の規模は８兆円にもなるとしている。

職種にもよるが、この傾向はさらに続くと考えられる。特に日本においては人口減少が進んで人手不足が進行している。もちろん分野によって偏りはあるが、最近ではＩＴ、特にＡＩやＩｏＴなど、これからの産業とされる分野ほど人手不足が深刻だ。

これらの分野ではビジネスのサイクルが非常に速く、人の雇用でもたもたしているうちに状況は変わってしまうし、その一方で何とか人を雇えたとしても、気がつくとさらに別のスキルを持った人材が必要な状態も生じてくる。

既存の人材を別の分野にコンバートするという選択もあるだろうが、むしろ期間限定でプロジェクトを組むことを考えたほうが、企業としてもそこで働く個人としてもメリットがあるだろう。

インディペンデントに働くとしても、そのパターンはさまざまだ。中には副業というよりは複業という形でいくつもの会社の業務を同時並行で請け負うパターンもある。これは完全に独立して会社をつくるパターンといっていいだろう。その逆に、転職に近い形で必要な期間だけ一社で集中して仕事をするというパターンもある。こちらは短期間に転職を繰り返しているパターンに近いといえる。

そのように企業と個人の関係性が変化してくると、会社のあり方も変わってくるだろう。

従来は会社というものに帰属意識をもち、個人の集合体というよりは、企業そのものがひとつの人格のようなものであった。しかし、会社の形をとりながら、さながらたくさんのラーメン店が集まる「ラーメン博物館」の様相を呈している会社もあった。

たとえば外資系のコンサルティング会社などでは、だいたいにおいて誰しも自分の芸風を持ち、ある種の共通項はもちながら、その一方で自分の「ダシ」にはこだわりをもっている。そこで活躍できる間はそこで活躍するし、もっと自分が活躍できる「ラーメン博物館」があると思えば、そこに移っていく。

逆にあまり売れないラーメン屋だと、ラーメン博物館からダメ出しをされてそのラーメン博物館からの撤退を余儀なくされることもあるかもしれない。ラーメン博物館としては、博物館全体が流行っているのであればそれでよく、個々のラーメン店にダシやタレに口出しをすることはない。

これからの会社組織は、今でいうところの地元のショッピングセンターか地元のアーケード、あるいは例に出したラーメン博物館のように、全体としては何か共通するゴールを追いながらも、個々にもゴールのある店の集合体になっていくことが考えられる。

プラットフォームが信用を担保してくれる

では、そのような変化とブロックチェーンがどう関係してくるのだろうか。

このような時代になると、人材を求める側も、あるいは逆に求められる側も従来とは違ったネットワーキング、結びつきが求められるようになる。

いかに迅速にかつベストなタイミングで人材のマッチングができるか、その仕組みが求められるようになる。たとえば、転職だとその職種やポジションにもよるが、最近ではインターネットで提供されるサービスを活用するか、あるいは伝統的なヘッドハンター経由によるものが多い。狭いコミュニティ内だと、仲間内での情報交換によることになる。ただ、仲間内だけではなかなか新しい人材を確保することは難しい。

インディペンデント・コントラクターやフリーランスのエンジニア、コンサルタントのリクルートも似たような状況だが、ひと昔前よりも楽にはなっている。

そのためのプラットフォームが増えていて、フリーランスにとっては苦手とする人が多い営業を代行してくれることもあるし、もちろんどのような機会があるのかを知る場所にもなる。

企業側にしても、いったいどこに自社のニーズにフィットする人材がいるのかを知ることは容易ではない。ところが、最近はこの間をつなぐようにフリーランスのエンジニアやコンサルタントを紹介するプラットフォームが増えてきた。

フリーランスを雇う側としても、まず候補者をサーチする手間を大幅に削減できるメリットがある。たとえば一カ月とか二カ月だけでも、すぐに人手が欲しいというニーズを満たすこともできるようになるし、さらに今回のトピックでもある「信用」をある程度プラットフォームが代行してくれるため、たとえば月額100万円とか150万円というコンサルタントでも最終面接的に一度面談をすれば大丈夫ということにもなる。プラットフォームが信用を担保しているわけだ。このようなニーズはさらに増えていくことが考えられる。

コンサルタントを紹介するサービスを運営している「株式会社みらいワークス」は、2017年12月に東証マザーズへの上場を果たしている。今後もこのようなニーズが増える予兆といえるかどうかはわからないが、適切な人材を迅速に見つけ、しかも信用が担保されているというニーズは、これからの労働環境の変化からもますます求められている。

「信用」を「資金」に換えることができる

ただ、現在の仕組みではプラットフォーマーを担う企業が情報を集約し、信頼を担保し、クライアントに対して配信していく。つまり仕組みは従来どおりである。さらに、登録コンサルタントから履歴書や職務経歴書を提出してもらって、それをデータ化したりアップデートしたりはするだろうが、多くの場合、まだそのプロセスは人力であることが多い。

企業から来たリクエストに誰を紹介すればいいのかを選択するのはその会社の担当者だが、条件に沿った選択をすることは必ずしも容易ではない。実際、いくつかのプラットフォームに登録はしたものの、一度も声がかからないというフリーランスも少なくない。条件が効率的にマッチングできていない可能性がある。

契約プロセスの効率化の問題もある。登録したあとで実際に業務委託が決まれば、最初の業務の前に基本契約書を結ぶことになる。さらに、個別案件ごとに契約書を結ぶ。月次でレポートをあげ、請求書を発行して支払いを受ける。いわゆる雇用された社員と違ってペーパーワークも頻度が多く、面倒なことも多い。

しかし、実際にその中身を見ると定型的なものが多く、同じ情報を何度も転記していることも少なくない。プロセス自体にも無駄が多いのだ。この手の作業は証拠書類を整えるためのプロセスにすぎないことも多く、そこに手間をかけるのは無駄である。

ここでポイントになるのが、「ちゃんとした」生き方をしてきたという、ごく当たり前のことが重要になる。ブロックチェーンの各ブロックがその人の履歴の乗り物となり、きちんとした仕事をした人の履歴はそのとおりに残る。

逆に何もしていなかった人が、過去にさかのぼって何かをしたというように訂正はできない。まっとうにかつ意欲的に生きてきた人にとっては自分というものを積極的にアピールするのに適した環境になるのだ。

支払いを受けるための業務報告をするプロセスも、さらに次の仕事を得るための履歴になる。個人が自分をアピールしていく生き方がより効率的になる。

つまり、信用のある働き方をしてそれがブロックチェーンを介して証明され続けることで、その経験と実績がそのまま次の実績、収入につながる。

それは、単にどこか他のところで仕事を得るということだけではない。たとえば、どこかのタイミングで事業を起こすとすると、そこで出資金を得る、一緒に仕事をする仲間を集める、取引先を開拓するというとき、ブロックチェーンがその営業ツールとなり、かつ信用を保証するものとなり得る。つまり、信用が資金に変わるということだ。

世の中には、仕事がしっかりできるのに自分をアピールするのが下手で、損をしている人がいる。その一方で、中身がなくてもアピールに長けている人もいる。ブロックチェーンは、潜在的にこのようなバイアスを取り除く効果を期待できる。

ブロックチェーンが個人の働き方に対して直接的に何か影響を与えるとはいいにくいが、昭和型の企業中心の雇用形態から、よりゆるやかな連携による個人中心の業務形態への移行を支援する存在として、ブロックチェーンはこれから浸透していくだろう。

究極の働き方改革——雇用をなくす⁉

2018年現在、日本では働き方改革が国会で審議されニュースでも日々取り上げられている。その内容そのものには踏み込まないが、基本的に日本人の多くが長時間労働であり、労働時間の短縮に取り組んできたのは誰もがわかっているとおりだ。

ただ、残業をさせないなど見かけ上の改革をしたところで、業務のボリュームややり方が変わらなければ、実現は難しいことは誰でもわかる。また、今や日本は「安い国」になってしまったともいわれる。大学を出た同じ技術者でも、日本の企業に就職するよりは中国の会社の日本法人に勤めたほうが倍の給料をもらえるということも起きている。しかも、それは世界的に見て同じ技術者の給与より安い。

そのくらいの給与を出してもそちらは利益が出て、日本の会社でそんな給料を出しては利益が出ないとすると、何かを大きく変えなければならないということだ。

組織のあり方を変えれば、このような非効率や長時間労働などはあらたまるかもしれない。企業にとってもそこで働く個人にとってもいいことだろう。しかし、これまで長いことビジネスをしてきた会社や個人がその環境のまま働き方を変えることは、とてつもなく難しいことだ。何かを変えようと思えば環境ごと変える必要がある。

日本型の組織の形態やそれを構成するポジション・役職などが長時間労働の根源だとすれば、そのような組織に依存しない働き方をすればいいことになる。実際、長時間労働をする日本人でも、長年海外で仕事をしているといつの間にかその国の働き方をするようになる。しかし、日本に帰ってくると、いつの間にか元の長時間労働に逆戻りだ。

つまるところ、個々の日本人がそもそもすごい働き者で、持って生まれた長時間労働者というわけではない。事実、明治期までの日本人は時間に関してはとてもルーズだったようだ。しかし、富国強兵にともなう徴兵制で軍隊を体験し、その経験を持ち帰る人が増える過程で意識も変わってきたといわれている。当時、欧米に追いつくことが必要だった日本にとっては、人々が時間を守り、集団で力を発揮し、長時間労働をいとわないことは重要だった。そして、それが現在も続いている。

フリーランスなどは自由に自分のスキルをいかして、同時に複数の企業からの仕事を受けたり、あるいは一度に一社であってもプロジェクトを渡り歩いたりするような生き方をする。あるいは、逆に自分が新たなビジネスを興す側であったとしても、むやみに社員を増やすのではなく、プロジェクトの必要に応じてフリーランスと契約して働いてもらう。

プロジェクトに雇う側の人は、約束した成果を出してもらう必要は絶対にあるが、その人がどのように働こうがそこには口を出さないし、また出してもいけない。逆に働く側も、成果さえきちんと出せば、どこでどのように働いてもよい。

要するにこれこそが裁量労働といえる。働くほうはコスト効率よく働こうとする。人の流動性が高くなる分、人を雇う側も安い報酬ではいい人材が他に流れてしまう。雇われる側も、いい仕事をしなければ次がない。

それぞれの仕事の実績がブロックチェーンに残るとなれば、なおさらモチベーションは高まる。雇う側、雇われる側ともにいい意味での緊張感が生まれ、誰もが本当の意味で自分の裁量で働くことができるようになるだろう。

これは、今の雇用慣行を変化の観点から述べたものだが、もちろん自分で事業を起こす場合の変化もそうだ。信用をベースにより効率よく資金や協力者を得ることで事業を興すことができる。場合によってはＩＣＯ（イニシャル・コイン・オファリング＝仮想通貨で事業立ち上げの資金を集める仕組み）などを使い、より大きな資金を得ることができる。人に使われるよりは自分で事業を興す。そんな働き方の変化を後押しすることができるのもブロックチェーンだ。

正直さと積極性を併せ持つセルフスターターの時代

この原稿を書いている２０１８年６月時点でも、新聞を賑わせているのは大学生の就職活動で大企業が人気だということだ。

しかし、大銀行が大きなリストラをする時代だ。大手の電機メーカーなどはもっと前からさまざまな理由でリストラをしている。今や、かなり大きな事業でもより少人数でできるようになってきている。もう、新規事業だからといって必ずしも大きな雇用を生み出すわけではないのだ。

そんな時代に「雇用されること」だけを考えるのは危険だ。もちろん、ビジネスには仕事を出す側と出される側がある。雇用関係も本来同じだし、元請けと下請けも同じで、そこには本来上下関係はない。あるのは取引であり、それをいかに公正にできるのかがポイントだ。公正な取引が実現できれば、私たちの働き方が大きく変わるかもしれない。

ＡＩやＩｏＴ、そしてブロックチェーンによって必要悪であった取引や、それだけをやっていた仕事はなくなっていく。逆に「やりたいことのある人」「自分で仕事をつくれる人」「他人と取引ができるものを持つ人」は、より公平な取引ができる環境が整ってくることで、もっと活躍できる可能性がある。つまり、誰もがそういう自分に変わらなくてはいけないということだ。

第5章

ブロックチェーンが本格普及するための課題

この本の最後に、現在のブロックチェーンが持つ課題について述べてみたい。ただし、あくまでも課題であって解決が見込めない問題そのものではない。また、これらの課題があることで、ブロックチェーンの将来を悲観しているわけでもない。基本的に物理の法則に支配されるハードウエアの世界と違い、IT分野の課題は解決までの時間が長いか短いかだけの違いで、たいていのものは気がつくと解決されている。

ブロックチェーンの普及に向けた課題は、大きくわけてふたつの領域で考えられる。

ひとつはブロックチェーンのベースになっているテクノロジーそのものだ。そして、もうひとつはブロックチェーンというテクノロジーから恩恵を受けるはずの、別のいい方をすると、そのテクノロジーに変化を強いられる私たち人間サイドで解決しなければならない課題だ。

ブロックチェーンに限らず、たとえばAIなどを考えてみても、新しいテクノロジーは結局のところ、少々未完成なところがあってもそれはあまり問題ではない。そのテクノロジーが私たちの課題、あるいは夢をほんの一部でも解決するのであれば、ごく一部の人から使い出す。より多くの人が参加するようになるにつれて、その稚拙だったテクノロジーは徐々に進化し、いつの間にか世の中のマジョリティの問題を解決するテクノロジーに進化している。テクノロジーそのものの問題は時間が解決するといっても過言ではない。

社会の仕組みを変える、あるいは人々の生活や働き方を変えるようなインパクトのあるテクノロジーであればあるほど、世の中に受け入れられるまでに時間がかかる。

というより、人々は新しいテクノロジーが、いま自分がそれなりに満足し享受している環境を奪ってしまうのではないかという恐れを抱く。ＡＩも同様だ。

本当に必要なものは、それがどんなに未成熟であろうとも、テクノロジーそのものを発展させるとか、運用でカバーするなど何とか使える方向に進んでいく。だが、人間が持つ恐れは、意識的であれ無意識であれ、そのテクノロジーが何とか使えなくなる方向に力を発揮する。テクノロジーの未成熟さを使えない理由にする人も珍しくない。

どちらかというと、テクノロジーそのものより、そのような人々が持つ恐れに起因する課題のほうが大きいといえる。

テクノロジーにまつわる課題

他のテクノロジーと同様、ブロックチェーンの可能性についても多くの夢が語られる一方、課題も多く提起されている。この技術ひとつですべての問題が片づくわけではなく、単なる道具にすぎない。特徴をよく理解したうえで、少しずつでも認識されている課題を片づけていかなければならない。

その中でも、主な技術的課題として以下の4つが挙げられる。

(1) 取引が承認されるまでのスピード
(2) 情報の秘匿性
(3) ブロックチェーン自体が持つ脆弱性
(4) スケーラビリティの問題

ひとつひとつをもう少し細かく見ていこう。

なお、課題を考えていくうえで、本書で語ってきたブロックチェーンの応用分野ではなく、現実問題として一番先行している仮想通貨分野の話を使って進めていきたい。

(1) 取引承認のスピード

まずテクノロジー面の課題から見ていこう。ひとつはブロックチェーンのもともとの出自である金融、特に決済についてだ。

もともとビットコインは、新しい取引を支える仕組みとして期待されていた。だが、実際にはビットコインをはじめとする多くの暗号通貨が、私たちの日常的な取引、あるいは決済手段の代わりになっているとはまだとてもいい難い。

電子マネー普及の遅れが諸外国に比べて著しいといわれる日本でも、今はコンビニをはじめ多くの店舗で端末が普及したことで、財布に現金がなくても一週間くらいはすごせるようになってきている。

しかし、筆者もビットコインなどの暗号通貨で何かモノやサービスを売買した経験は、残念ながらない。取引所でビットコインそのものを日本円で購入し、ある程度価格が上がったところで売却したというくらいだ。つまり通貨としてではなく、投機の対象としてビットコインとかかわった経験がある。

円やドルなどの伝統的な通貨もＦＸなどを通じて投機の対象となり得るが、通貨の場合は投機の対象としてというより、日常の決済手段としてつき合う人のほうが圧倒的に多い。

つまり、現在の暗号通貨は通貨というより「金《きん》」のような投資や投機の対象に近い。現在、何かモノを売り買いするときに金を取り出して渡す人はほぼいないだろう。受け取る人も少ないだろうし、第一日常の小口の決済などでは使い勝手が悪い。

しかし、金は投資や投機の対象としての相場があって、そこで売買されている。ビットコインと同じような位置づけだ。

つまり、ビットコインを取引する際のスピードが、日常的な取引のスピードに対応できていない。実際、何とか取引をしようと思っても、現在のビットコインでは難しいことが多い。


ここで、あらためてビットコインの取引の流れを振り返ってみよう。ＡさんがＢさんからビットコインを受け取ったとする。Ｂさんは取引のデータ（トランザクション）を作成してマイナー（採掘者）に送付する。受け取ったマイナーはトランザクションを検証し、取引はブロックに組み込まれてブロックチェーンにつながると、無事にAさんとBさんの間の取引は承認される。

ビットコインの取引では、承認までのこの一連のプロセスに約10分かかる。このプロセスが6段階までつながると、信頼性が高まる（その取引が消えることがほぼなくなる）とされている。

これは、分岐のタイミングが10分に設定されているという現在のビットコインの仕組みによる。ひとつ一つのプロセスを短くすれば承認までの時間、つまり取引そのものにかかる時間は短くなるが、二重支払いなどの脆弱性が高くなる。プロセスを長くすれば、安全にはなるが取引そのものに時間がかかる。

ビットコインの場合はこの間隔が10分だが、イーサリアムだと15秒程度。そのため、イーサリアムをベースとしたブロックチェーンの取引は、このプロセスがもう少し早く進む。いずれにせよ、ブロックチェーンを使った取引では必ずブロックにまとめる作業が発生するため、即時性を期待することは難しい。

また10分や15秒というのは、あくまでブロックに書き込まれ承認されるのに要する時間だ。現実には、Aさんから B さんに送金したのに何時間、場合によっては何十時間たっても着金していないということも起きているようだ。取引量の増加で送金づまりのようなことも起きている可能性もある。

従来の銀行などを介した送金の流れは、間違いのないように、かつできる限り遅延のないように高度につくり込まれている。ビットコインを用いた送金網が、技術にそれほど詳しくない一般の消費者が使って文句が出ないレベル、あるいはビジネスの取引で信用のおけるレベルに至るには、もう少し時間がかかるだろう。

ある程度取引の環境が安定してくれれば、即時性があまり求められない取引であれば、ビットコインの承認スピードでも問題は少ないかもしれない。たとえば、企業間取引のように現在は銀行振込で送金するようなケースだ。基本的には支払い期限日中に振込まれていれば問題はない。これ以外にも、あるタイミングまでに送金できていれば特に問題がない場合には、現在の承認スピードでも特に問題はないだろう。

逆に、店頭でモノやサービスを購入する場合には即時性が要求される。SUICAのようないわゆる電子マネーと比べて、即時に完結しない決済手段は店頭に行列をつくってしまうことになりかねない。クレジットカードを使うような比較的金額が大きいケースでは、クレジットカード会社の承認が必要になるが、特に問題がない限り承認自体はすぐに終わり、カードを出してからサインをしたり、暗証番号を入力し、レシートを受け取るまで1、2分だ。店によってはサインの記入や暗証番号の入力が不要な場合もある。

つまり、ビットコインではコンマ数秒での取引が必要な株取引などの、非常に短時間に完結するような処理は難しいといえる。

そこで、現在のブロックチェーンの仕組みでも耐え得る取引にはブロックチェーンを、そうでないものには別の仕組みを使うことにすればいいのではないだろうか。世の中には、何にでも使える万能の道具はない。

もちろん、取引のスピードを上げようという取り組みは常に行われている。

ひとつは、ブロックチェーン自体のテクノロジーを進化させるものだ。たとえば、シドニー大学のスクール・オブ・インフォメーション・テクノロジーズが中心となって開発を進めている技術に「Red Belly」というものがある。ビットコインなどで使用されているPoW（P38）とは違うタイプの仕組みによるブロックチェーンで、仮想通貨の即時取引を可能にするとしている。

同大学によると、100台のコンピューターを使って秒速44万件の取引をすることが可能だったとしている。さらに、分岐しないという特徴を備えているため、二重支払い問題を根本から解決しているという。

もうひとつはクローズなブロックチェーンの活用だ。これは「ブロックチェーンではない」ともいわれているが、その理由は後述する。

たとえば、三菱UFJフィナンシャル・グループとアメリカのコンテンツデリバリー企業であるアカマイ（Akamai）が、2秒以内で毎秒100万件の取引処理を可能にする新型ブロックチェーンを開発したと発表している。

前述したように、ブロックチェーンには合意形成にともなう時間がどうしてもかかるが、世界3800カ所以上の拠点に配備されたサーバに全ノード（結節点）を配置することで、ノード間の高速通信を実現した。基本的なブロックチェーンの考え方はいかしつつ、インフラを最適化することで高速化したというわけだ。

ただし銀行のような営利企業が展開するブロックチェーンは、ビットコインのようなオープンなブロックチェーンではなく、プライベート、あるいはクローズなブロックチェーンである。したがって、仕組みは似ているようでも中身は異なる。

ブロックチェーン協会の定義によれば、ブロックチェーンの定義を「ビザンチン障害を含む不特定多数のノードを用い、時間の経過とともにその時点の合意が覆る確率がゼロへ収束するプロトコル、またはその実装をブロックチェーンと呼ぶ」としている。

ところが、クローズなブロックチェーンと呼ばれるものは、そもそも管理主体が承認したノードしか参加することができない。つまり中央集権的なものだ。ブロックがチェーン状になっている点では同じかもしれないが、クローズなブロックチェーンはその定義に沿っていない。そういう意味で、一般的にリップルコインと呼ばれるXRPはブロックチェーンではないといわれる。

あくまでもオープンな、ビットコインのようなブロックチェーンと比べて、クローズなブロックチェーンというとどうも後ろ向きな気がするが、クローズにはクローズのよさがある。ブロックチェーンでは改ざんの可能性はゼロではないため、ユーザーによる悪事をできる限り防ぐ必要があり、どうしても取引やその検証に時間と手間がかかるシステムになってしまう。

一方、クローズなシステムであれば、悪意あるユーザーがいない前提でもっと軽快なシステムをつくることができる。また、クローズなブロックチェーンにおけるバリデーター（承認者、オープンなブロックチェーンにおけるマイナー）は、オープンなブロックチェーンのマイナーのように取引を検証し、承認したところで何かインセンティブがあるわけではない。しかし、国際送金を頻繁に行う世界中の企業がノードに参加することは、このシステム全体と個別企業にとっても意味がある。

銀行が自社の送金システムの上にクローズなブロックチェーンを使ったシステムを搭載し、結果的に従来の国際送金よりはるかに安価な取引を実現できれば、費用は大幅に削減される。営利活動における送金コストは膨大である。数が多ければ大きいほど、無料にならなくてもコストは少なくてすむ。

もちろん、クローズなブロックチェーンの管理主体にとっても意味がある。銀行であれば、オープンなブロックチェーンが取引の主流として定着してしまえば、これまでの食い扶持の大きな部分が失われてしまう。それよりは、新しい仕組みを自社の仕組みに取り込んでしまえば、少なくともその部分をビジネスとして失うことはない。また、それが新しい業務に発展するかもしれない。

純粋に送金するという業務のことだけを考えれば、それがオープンだろうがクローズだろうが、中央集権的な仕組みであろうがなかろうが、間違いなくリーズナブルなコスト、時間で送金することができればそれで構わないはずだ。

もちろん、それで納得できない場合は、オープンな本来のブロックチェーンを使うこともできるだろう。当初は両方共存し、より総合的なメリットが感じられるほうが普及していくのだろう。実作業を考えれば、別にブロックチェーン原理主義に陥る必要もない。

ブロックチェーンそのものの進歩、クローズなブロックチェーンの活用の両面から、解決が図られていくことになると思われる。

(2) 情報の秘匿性

情報の秘匿性を簡単にいえば、個人のプライバシーにかかわる問題だ。実のところ、秘匿性という観点では、ブロックチェーンは案外強くない。

これまでの仮想通貨に関係する大きなニュースは、取引所で起きてきた。巨額の仮想通貨が取引所で消失したマウントゴックス社の事件が有名だが、最近だとコインチェック社のNEM流出事件、Zaifの0円でビットコインが購入できるなどの事件があったが、いずれも取引所に起因していた。しかし、ブロックチェーンを使う個人の情報が、脆弱性が原因で漏洩してしまうなどの事態も考えられる。

仮想通貨として使用されるブロックチェーンには、個人が持つ公開鍵の情報、電子署名、そして取引されるコインの量が記録されていく。そして、ブロックチェーンの性質上、これらの情報はオープンだ。そういう意味では情報を秘匿することなどできるのかと感じるかもしれない。ビットコインは秘匿性を公開鍵などによって実現しているが、デベロッパー・ガイドでは公開鍵のペアは毎回変更されることが推奨されている。

しかし、必ずしもこれが変更されていないこともあるようだ。普通のシステムであれば、毎回ＩＤを変更して個人のアイデンティティが特定されないようにしなければならないが、いつも同じＩＤを使うと個人が特定されやすくなる。もしそうした個人が特定されれば、その人の取引がすべて明らかになってしまう。なにしろ、取引したコインの量が公開鍵とともに記録されているのだから。

もちろん秘密鍵の管理も重要だ。普通のシステムでいえば、自分のパスワードを管理することにあたる。最終的に個人のプライバシーは、この秘密鍵の管理によるところが大きい。通常、秘密鍵はアプリなどに格納されているとして、もし秘密鍵を管理するシステムの不具合などで漏洩すれば、いわば普通のソフトでパスワードが漏洩した状態になる。

公開鍵はすでにパブリックにあるので、今度は悪意をもったユーザーに取引そのものをされてしまう可能性もある。これは何もブロックチェーンに特有のものではないが、今後、通貨の取引だけでなく、個人のプライバシーにもかかわる情報などもブロックチェーンを応用して行われるであろうことを考えれば、管理の重要性は強調してもしすぎることはない。

(3)ブロックチェーン自体が持つ脆弱性

それ以外にも、ブロックチェーン自体が持つ脆弱性もある。基本的には改ざんに強いとされているが、絶対ではない。2018年の5月13日から15日にかけて、仮想通貨のモナコインに対して、「Block withholding attack」や「Selfish Mining」という攻撃が仕掛けられ、この攻撃で直近の取引が消失するという事態となった。ブロックチェーンでは、偶然ふたつのブロックが同時に作成されることがあるが、前述したように長いチェーンが残され、短いものは破棄される。

普通はブロックをマイニングしたらすぐに世界にブロードキャスト（公開）するが、今回は意図的にブロードキャストせずにマイニングを続け、自身のチェーンが最長のブロックより長くなってからブロードキャストして、他のマイナーの採掘を邪魔した。

結果として「巻き戻し」が起き、この騒動のためのモナコインの価格も暴落した。取引所によっては1000万円の被害が出ており、犯人も特定されていない。

これまでの問題は取引所の問題であって、ブロックチェーンそのものに起因するものではなかった。それが今回はブロックチェーンの根幹にかかわる事態だったため、信頼性を揺るがすとして問題視された。

このような攻撃はブロックチェーンの仕組みそのものの弱点をついており、それに対する特効薬はないとされている。

最終的にはPoW（P38）ではない別の形態をとるのか、あるいはクローズなブロックチェーンを使っていくのか、対応策は限られている。

ブロックチェーンが情報の流通、取引における普遍的なプラットフォームとして普及してくると、問題が起きても被害が限定的になるような対策がとられていない場合、社会的な混乱が起きることが考えられる。現在のところ被害が生じているのは仮想通貨を取引している人だけだ。しかし、誰もがブロックチェーンに基づいた仕組みを使うようになったとき、流出する情報の量や種類は膨大なものになるだろう。

(4)スケーラビリティ

スケーラブルとは規模の増大に応じた拡張性のことである。ＩＴのシステム関係などでよく使われる言葉だが、たとえばあるシステムが小規模な取引だけを行っているのであれば何の問題もなく動作していても、取引の量が増えると耐えきれなくなってパンクしてしまうことがある。「スケーラブルなシステム」とは、ボリュームの増大に対応していけるシステムのことである。

では、ブロックチェーンではどうだろうか。ブロックチェーンでは、スケーラブルであるということをふたつの視点から考える必要がある。

ひとつはトランザクションの単位時間あたりの数、もっというと一秒間にいくつの取引ができるのかというものだ。これについては、「(1)取引承認のスピード」と等価なものと考えてもいい。ひとつの取引にかかる時間が少なければ、当然同じ時間でこなせる取引の数も増えてくる。

ビットコインでは、ひとつのブロックの容量が1MBで、ひとつの取引データが250バイトなので1秒間に7取引が限界だといわれている。イーサリアムはもう少し多く、10～20取引といわれている。

それが、クレジットカード決済のVISAであれば1秒に2000取引が可能とされているので、まったくオーダーが違う。つまり、従来から行われている集権的なシステムを代替しようと考えるのであれば同程度のスピードが必要だし、ごく一部を担うということでもそれなりにスケーラブルなシステムで取引インフラとして機能することはできない。


現在のブロックチェーンで考えれば、ブロックの大きさは決まっているしブロックの生成数にも限界がある。それにもかかわらずユーザーも取引も増え続けており、送金をしたにもかかわらず着金に大幅な遅延が起きたとしても不思議はない。より早く処理してもらうために、マイナーに対してより多くの手数料を払うこともできるだろうが、そうすると従来の取引と比較してメリットがなくなってしまう。

また、ノード（世界各地のコンピューター端末）の数の増加も速度低下につながる可能性がある。クローズなブロックチェーンと違い、オープンなブロックチェーンでは自由にノードに加わることができる。つまり、非常にハイスペックなノードもあれば、ロースペックなノードもある。システム全体にブロードキャスト（公開）しようとすると、ネットワークが大きくなればなるほどロースペックなノードが足手まといになり速度の低下の原因ともなり得る。

ただし、この問題については(1)でも述べたとおり、積極的に開発が行われたりクローズなブロックチェーンを使ったりするなどで解決されるだろう。また、ブロックサイズの拡大、ブロックあたりのトランザクションを小さくする方法、オフラインでの処理など、さまざまな方法が考えられている。

もうひとつはデータの量の問題だ。現在のところ、データの量そのものは大きな問題にはなっていないが、ブロックチェーンにはどんどん新しい取引のデータが書き込まれていく。ビットコインの場合、最初のブロックに書き込まれている情報は最新の10分だけに限られる。しかし、全体の整合性をとるには不特定多数のどこかのノードに全取引情報が保存されていなければならない。ビットコインでは1ブロックが1MBとしたとき、1時間で6MB、24時間で144MB。1年だと365日として52・56ギガバイトという単純な掛け算で求められるが、これが毎年積み上がっていくことになる。

これだけの情報を少なくとも一定のノードに保存しておかなければならない。昨今の情報爆発時代にはあまり問題にならないという意見があるかもしれないが、少なくとも考慮しておく必要はあるだろう。

人材不足でビジネスの競争にすら加われない可能性も

ここまでは、主にテクノロジー上の課題について述べてきた。しかし、人や人が構成する組織について触れないわけにはいかない。ブロックチェーンは、つまるところ人間の活動のための道具にすぎないわけで、メリットがないと使われることはない。

さらに、まったく新しい仕組みができれば、今までのやり方を変えることに抵抗を示す人や組織がいるのは普通のことだ。仮に新しいやり方に変えることにデメリットがない人でも、基本的に人は変化を嫌う。ましてや仕組みを変えることでデメリットがある人や組織であれば、受け入れないどころか積極的に潰すということも考えられる。

ブロックチェーンの場合はどうだろうか。正直なところ、ＡＩ以上に自分たちのビジネスに影響があるのかどうかイメージができないというのが現実だと思う。ＡＩであれば、自分の職がなくなるかどうかはともかく、チャットボットやスマートスピーカーなどの実感できるものがすでにサービスとして提供されている。「ＡＩ」のイメージがすでにでき上がってきているわけだ。

それに対して、まだ多くの人にとって、「ブロックチェーン＝ビットコイン」ではないだろうか。「銀行がブロックチェーンを活用した決済システムを開発中」というようなニュースからも、金融関係に限定した技術なのだろうというイメージにとどまっている。

ビットコインを扱った経験がある人でも、取引所に自分の口座をつくってとりあえず買ってみたら値上がりした、値下がりしたという感じで、株やＦＸなどをやっている感覚と同じだろう。大手家電量販店のビックカメラが商品の支払いにビットコインを受けつけるなど、徐々にではあるがビットコインを本当の意味で商品の売買に使える場所も増えてはきている。だが、店頭で実際に使ったことがある人というのは、ビットコインの取引をしたことのある人のさらにごく一部に限られるだろう。

そもそも、日本は電子マネーの普及ですら遅れをとっている。ビットコインでの取引など、さらにハードルが高いというのが現実ではないだろうか。

既存の金融機関は〝閉じた〟ブロックチェーンを後押し

本書のそもそもの目的は、仮想通貨だけでなくブロックチェーンの幅広い活用法を探り、そのことによって私たちの社会がどのように変わっていくのか、さらにAI同様に私たちの雇用にも影響がありそうなのかを考えていくことだった。ただ、現時点で考える限り、雇用に対する影響は少なそうだ。

まず、一番わかりやすい通貨の決済で考えてみよう。まず、日本においては現金主義がひとつの消極的な抵抗となる。電子マネー決済ができる店舗がかなり増えてきたとはいえ、現金が利用されていることのほうがはるかに多い。

また、通貨としての不安定性も別の不安要因だ。もちろん、すべてがビットコインですますことができれば為替リスクを心配する必要はないが、現在のビットコインは交換レートが乱高下する地域通貨のようなものである。ビットコインだけで完結するコミュニティ内はともかく、法定通貨である日本円とどこかで交換する必要があるとなると、乱高下するものはおいそれと通貨として導入することはできないだろう。

さらに使う場所の問題もある。ビットコインが使える場所より使えない場所のほうが圧倒的に多いため、使える場所を探すのにひと苦労する。

私たちが普段使う電子マネーも、端末が普及しないうちは使うことができなかった。端末は電子マネーで支払いができる店が負担して導入し、また支払うほうは意識しないが、クレジットカードと同様に手数料は店が売上から負担しなければならない。

新たにビットコインもしくは新たな仮想通貨を導入するとき、店がどの程度の負担をしなければならないのかを考える必要がある。店としては何らかの負担をしても売上が上がるなどのインセンティブがあれば導入するし、そうでなければ導入しない。法制度の整備など、使用するにあたっての安心感も必要だろう。

ただし、クローズなブロックチェーンとなると、また別の動きになるかもしれない。たとえば、金融機関はブロックチェーンを送金の仕組みに組み込めないかとこぞって開発を進めている。安全に、しかも安価な手数料で送金できるのであれば、金融機関にとっても消費者にとっても結果的にメリットがあるということになる。

これは管理者がいない、非中央集権的なネットワークを実現する本来のブロックチェーンとは違うかもしれないが、従来の仕組みよりメリットがあるのであれば、消費者としてはそれを特に問題にはしないだろう。

逆に既存の金融機関にとって一番怖い事態は、オープンなブロックチェーンが普及してこれまでの決済機能を奪われてしまうことだろう。オープンなネットワークなので、誰でも送金という業務に参加できることになってしまう。

オープンなブロックチェーンが普及して自分たちの業務がなくなってしまう前に、クローズなブロックチェーンを普及させて仕組みを押さえてしまえばいい。

現実的な話として、そもそもオープンなブロックチェーンを活用した通貨が、国家の中で主要な存在になることは、現時点では難しいのではないだろうか。法定通貨を発行する権利を手放すことは、国家としての根幹にかかわる。それを手放すことは考えにくいし、もしそれがあるとすれば、先ほどの金融機関の話と同様、クローズなブロックチェーンをいかした仕組みになるだろう。

では、通貨以外にブロックチェーンの使い道はないのだろうか。これも、道のりは長いだろうという見通しを持っている。ユーザー側の問題ではなく、開発者側の問題だ。

２０１８年2月9日、ロイターに掲載された記事でブロックチェーン推進協会（ＢＣＣＣ）の平野代表理事は、ブロックチェーンは仮想通貨に限らず、さまざまな分野で大きな可能性を秘めているにもかかわらず、ブロックチェーンを応用したビジネスを立ち上げることに意欲を持つ企業が少ないと危惧を抱いている。

一方、ガートナーグループの調査は、2020年には世界のブロックチェーン関連技術の市場は3・1兆ドルにも達するとしている。

日本企業が必ずしも消極的というわけではないだろうし、それがプライベートであれクローズであれ、日本も政府としてブロックチェーンの活用を考えていないわけではないだろう。だが、新しいテクノロジーに乗り遅れると他の国に新しい仕組みをつくられてしまい、それに乗るしかなくなってしまうことにもっと危機感を持つべきだ。

海外勢がブロックチェーンビジネスを席巻してしまう前に

しかし、その取り組みはまだ低調なようだ。その理由は、単純に「人材不足」という要因が大きい。AIの分野でも今後の大きなビジネスチャンスが見込まれることから、ベンチャーから大企業にいたるまでAIビジネスを考えているが、必要な人材の充足には程遠い状況だ。同様のことがブロックチェーンでも起きており、大企業でもブロックチェーンを応用したビジネスにチャレンジしているのは本当に数えるほどのようだ。

ブロックチェーン自体は、既存の国家の枠組みに縛られない、分散型の構造を実現する可能性があるのはたしかだが、みんながそれを支持するとは考えられない。そこそこ国の運営が上手くいっていれば、為政者はわざわざその枠組みを壊してまで分散型の通貨のシステムを導入しようとはしないだろう。一方、消費者にとってはそれを使うのにメリットがあるかどうかが重要で、それ以外にあまり動機はない。

おそらく、通貨以外の他のシステムには、オープンではなくクローズなブロックチェーンが広がっていくだろう。たとえば何らかの契約、たとえば就職活動というようにそれぞれのファンクション別に、よりゆるやかに管理する主体（つまり会社）が扱うシステムの中に、ブロックチェーンが組み込まれていく形になるだろう。

先進性の高い企業であれば、その普及が不可避と考えれば新しいテクノロジーの導入を考えるだろう。その流れに抵抗する企業は徐々に衰退し、最終的にはビジネスから退場することになるからだ。大銀行ですらＡＩやブロックチェーンの活用を考えずには生き残ってはいけないと考えている時代だ。消費者の支持を受けない企業は退場するしかない。

それに、たしかに最近の世の中の変化は激しいが、それでも今日目が覚めたら昨日と世界が変わっていたということはない。急激とはいえ、ある時間の中で徐々に変化するものである。実際、ガートナーの調査によれば、ブロックチェーンをビジネスにいかしていくことはそれほど簡単ではなさそうだ。

同社の予測では、2022年までにブロックチェーンを活用したビジネスに移行できる企業はわずか10%だとしている。ブロックチェーンの実装を成功裏に実現するには、現在のやり方を大きく変える必要があり、それは簡単なことではない。

ゼロから始められるスタートアップ企業と違い、既存の大企業はブロックチェーンの恩恵をそれほど多くは受けられないとも予測している。さらに、現在のブロックチェーンの機能や性能では、既存の企業のデジタル化を実現するには力不足であり、十分に成果を出せるブロックチェーンの登場は2020年台前半まで待つ必要があるようだ。

とはいえ、これらの予測はブロックチェーンへの取り組みをしなくていい言い訳にはなり得ない。本当の危惧は、ブロックチェーンの導入を阻止しようとする抵抗勢力が現れることではなく、むしろ世界的に進んでいくブロックチェーンを活用した新しいビジネスの枠組みに加われないことだ。

この時代、便利なものはどんどん海外から流入してくる。このままＩＴビジネスの新たな枠組みづくりを海外勢に席巻されて輸入超過になると、国内企業はこの流れに乗り切れず衰退していくことになるかもしれない。

こうした事態こそが、本当に恐れなくてはならないことだろう。

私たちの雇用を奪う可能性はあるのか

ＡＩと同様に、ブロックチェーンも自分たちの雇用を奪ってしまう可能性があるのかという点に誰もが興味がいくようだ。当然その可能性はある。ただ、可能性があるということしかいえないし、筆者としては、予測をすること自体がナンセンスだと考えている。

というのも、テクノロジーの変化が速すぎて、5年10年はおろか1年先でも予想外のことが起こるからだ。長期で考えるのか短期で考えるのかでも予測は変わってくる。

実のところ、10年以上の長期予測にほとんど意味はなく、各時点でどのようなテクノロジーが出てきているのか、業務にどのくらい浸透しているのか、新テクノロジーを活用したベンチャーがどのくらい出ているのか、自分で確認しながら判断していくほうがいい。

ただ、ブロックチェーンについて、現時点でいえることがふたつある。まず雇用という観点では、ここ1、2年で目に見えるような変化を起こすことは難しいだろうということだ。

現在の「弱いAI」では、局所的に人間の苦手な業務、あるいは人手が足りていない業務を置き換えることが中心になる。そこで、あまり創造性を必要としない定型的な業務、またはそれが大部分の仕事だと置き換えられてしまう可能性がある。業務によってはかなり現実的だし、実現しかけている未来もある。

一方で、ブロックチェーンの場合には、既存の業務プロセスのどこかを置き換えるということではなく、取引のやり方そのものを変えてしまうので、もっと仕組み全体にインパクトを与えるからだ。ブロックチェーンでなくても、業務プロセスはおろか、ちょっとした仕組みを企業内で変えるだけでも大仕事になることが珍しくない。

つまり、これから変化は起こるだろうが、それこそ雇用に影響を及ぼすような変化が起きるには、まだまだ時間がかかりそうだ。

AI同様、ブロックチェーンのさまざまな変革はそれを支援するソフトウエアやアプリ、ネット上のサービスとして提供されるだろう。そこで、それらを構築する技術者が必要になるわけだが、この手の人材は世界的に人手不足である。

もちろん、海外から優れたソフトやサービスを導入することはこれまで同様に必要だろうが、社内の仕組みにせよ社外の仕組みにせよ、それらを導入するための技術者もまた必要だ。つまり人手不足ゆえに、予想よりブロックチェーンを活用した仕組みの導入は遅くなる可能性がある。

調査会社ガートナーによれば、ブロックチェーンを導入しようとする企業の80％以上が、2020年までにその取り組みに失敗すると予測している。さらに前項で述べたように、既存のプロセスを持つ大企業においては、ブロックチェーンの導入はあまりメリットをもたらさないだろうと予測している。

クリエイティビティを発揮する人だけが生き残る

ブロックチェーンを活用した仕組みの導入が上手く進まなければ、当然ながら雇用への影響は出てこない。

だからといって、ブロックチェーンについては心配しなくていい、ということにはならない。ＡＩにしろブロックチェーンにしろその取り組みは続くし、日本国内で上手くいかなくても、海外で実用化されたものが国内に持ち込まれる可能性は十分に高いからだ。

あらためて考えてみると、ブロックチェーンは相手を信頼することが前提の仕組みである代わりに、相手が誰であれ取引ができるという、仕組み自体に信頼がある。だから、従来は信頼のできる相手を紹介したり、手配したりする仕事はとても意味があった。

仲介の仕組み自体には信用の担保がないからだ。それゆえに、単なる手配師ではなく、本当に必要な人や組織を結びつけることができる仲介者はビジネスとしても意味があった。今後ＡＩとブロックチェーンが結びつき、本当に必要な関係者同士の信用を担保しながら結びつける仕組みができれば、単に情報を右から左へ流すだけの人はもちろん、信用を担保していた仲介者はいらなくなるかもしれない。要するに、単に事務的に取引をしていた人、情報を横へ流していたとか、定型的な取引は自動化の対象になる。

モノをつくるという会社でも、実際にモノをつくっている人や作業はごく一部で、多くの場合その作業を支えるための間接業務も多い。個人の仕事の中身を振り分けてみても、本来のミッションであることは少なく、ルーチンワークや交渉、情報伝達などの業務が多い。そのときに自分の業務のほとんどが何かを探してきて情報を伝達し交渉をするという仕事であれば、業界を問わず将来の心配をしたほうがいいかもしれない。それらの業務は本来の仕事、たとえば設計をするとか製造をするという仕事を完結するために必須の付帯業務である。必須なのでなくては困るが、問題はそれを人間がやる必要が必ずしもないということだ。

昔は人間がやるしかなかったが、コンピューターの発達で常にこれらの業務は自動化の対象になってきた。今や、本当に必要なものや情報がある人から別の必要な人のところに信用を担保されつながる従来の仕組みが、ブロックチェーンやＡＩに置き換えられる可能性については考えておいたほうがいいだろう。

結論としては、自分が最終成果物を創造できる、あるいはそれをサポートし、さらによくできるというタイプの仕事が最終的には残るだろう。音楽でいえば、作曲家や作詞家、アレンジャー、プレイヤーは、音楽の流通経路がブロックチェーンベースのものになっても求め続けられるだろう。形あるものないもの、さまざまだがある種の「コンテンツ」は人間が活動している以上に常に求められる。

今は、それらを流通させるプラットフォーマーが大きな力を持っているが、それらがブロックチェーンに置き換えられたとき、そのような業種が残っていたとしても必要な人はもっと少なくなる。そんなときに、その流通経路に乗せられるものを直接つくれる人が一番強くなるだろう。

青春新書
INTELLIGENCE

こころ涌き立つ「知」の冒険

いまを生きる

"青春新書"は昭和三一年に――若い日に常にあなたの心の友として、その糧となり実になる多様な知恵が、生きる指標として勇気と力になり、すぐに役立つ――をモットーに創刊された。

そして昭和三八年、新しい時代の気運の中で、新書"プレイブックス"にその役目のバトンを渡した。「人生を自由自在に活動する《プレイ》」のキャッチコピーのもと――すべてのうっ積を吹きとばし、自由闊達な活動力を培養し、勇気と自信を生み出す最も楽しいシリーズ――となった。

いまや、私たちはバブル経済崩壊後の混沌とした価値観のただ中にいる。その価値観は常に未曾有の変貌を見せ、社会は少子高齢化し、地球規模の環境問題等は解決の兆しを見せない。私たちはあらゆる不安と懐疑に対峙している。

本シリーズ"青春新書インテリジェンス"はまさに、この時代の欲求によってプレイブックスから分化・刊行された。それは即ち、「心の中に自らの青春の輝きを失わない旺盛な知力、活力への欲求」に他ならない。応えるべきキャッチコピーは「こころ涌き立つ"知"の冒険」である。

予測のつかない時代にあって、一人ひとりの足元を照らし出すシリーズでありたいと願う。青春出版社は本年創業五〇周年を迎えた。これはひとえに長年に亘る多くの読者の熱いご支持の賜物である。社員一同深く感謝し、より一層世の中に希望と勇気の明るい光を放つ書籍を出版すべく、鋭意志すものである。

平成一七年

刊行者　小澤源太郎

著者紹介
水野 操〈みずの みさお〉
有限会社ニコラデザイン・アンド・テクノロジー代表取締役。mfabrica合同会社社長。1990年代のはじめからCAD/CAE/PLMの業界に携わり、大手PLMベンダーや外資系コンサルティング会社で製造業の支援に従事。2004年のニコラデザイン・アンド・テクノロジーを設立後は、独自製品の開発の他、3Dデータを活用したビジネスの立ち上げ支援、3Dプリンター事業、シミュレーションサービスなど積極的にデジタルエンジニアリングを推進。

2025年《ねん》の
ブロックチェーン革命《かくめい》

青春新書
INTELLIGENCE

2018年8月15日　第1刷

著者　水《みず》野《の》　操《みさお》

発行者　小澤源太郎

責任編集　株式会社プライム涌光
電話　編集部　03(3203)2850

発行所　東京都新宿区若松町12番1号 〒162-0056　株式会社青春出版社
電話　営業部　03(3207)1916　振替番号　00190-7-98602

印刷・中央精版印刷　製本・ナショナル製本

ISBN978-4-413-04547-6